小学体育微课制作的研究

尹慧红　甘琼／主编

东北师范大学出版社

长春

图书在版编目（CIP）数据

小学体育微课制作的研究 / 尹慧红，甘琼主编. —
长春：东北师范大学出版社，2023.3
ISBN 978-7-5771-0130-9

Ⅰ.①小… Ⅱ.①尹… ②甘… Ⅲ.①体育课—多媒
体课件—制作—小学 Ⅳ.①G623.82

中国国家版本馆CIP数据核字（2023）第048671号

□责任编辑：刘格格　　　　　　　□封面设计：言之凿
□责任校对：刘彦妮　张小娅　　　□责任印制：许　冰

东北师范大学出版社出版发行
长春净月经济开发区金宝街 118 号（邮政编码：130117）
电话：0431-84568023
网址：http：//www.nenup.com
北京言之凿文化发展有限公司设计部制版
北京政采印刷服务有限公司印装
北京市中关村科技园区通州园金桥科技产业基地环科中路 17 号（邮编：101102）
2023年3月第1版　　2023年11月第1次印刷
幅面尺寸：170mm×240mm　印张：11　字数：157千

定价：58.00元

编 委 会

序言

《义务教育体育与健康课程标准（2022年版）》（以下简称"新课标"）的颁布给学校体育教学指明了发展的方向。体育学科核心素养的推出让核心素养真正在日常体育课中得到落实。要深入贯彻落实核心素养的理念，我们还有很长的路要走！

为发展学生体育核心素养，落实"教会、勤练、常赛"，新课标规划了包括运动技能、体能、健康教育、专项运动技能和跨学科主题学习在内的体育课程内容，并倡导整体设计，提倡结构化技能教学，避免单一技能学习。新课标背景下学习内容相对较广，教学难度相对较高。因此，今后我们在日常体育课中将不仅对单个技术动作进行教学，而且要对包含两个或者两个以上技术动作的组合技能进行教学，采取大单元模式对传统教学模式进行创新。

在40分钟课堂时间不变的情况下，运用何种教学手段进行有效教学是目前摆在体育教师面前的一大难题。针对课程内容的宽广性与教师个人专业能力的局限性之间的矛盾，我们认为，体育微课是有效解决这个矛盾的途径之一。微课是指以5～8分钟的视频为主要载体，针对某一具体知识点或教学环节，使用各种教育技术突破重难点，记录教师开展精彩教学活动的多媒体文件。学生可以根据自己的需求，选择相应的微课，一次或多次、完整或片段地选择性播放学习，以问题为导向，以需求为牵引，从而达成素养提升的目标。在体育教学活动中引入微课，对教师提高课堂教学效率，学生学习运动技术、掌握运动技能和发展体能等都有较大的促进作用。

鉴于微课自身的诸多优点和体育微课图书缺乏的现状，湖北省体育特级教师、武汉市黄鹤英才、武汉市武昌区三道街小学校长尹慧红带领研究团队不断探究体育微课设计，创新和实施最优方案，积累了大量研究经验和应用成果。为实现优秀教学资源共享，共同推进全国智能体育教学应用，研究团队历时3年编写了《小学体育微课制作的研究》。

本书介绍了微课设计的基本理念和微课制作的简易方法，并涵盖了原人教版小学体育五年级教材中的全部体育技能案例。"专项运动技能"类选取了常用的体操类、技巧类、田径类和球类的技术动作及组合，共计16个案例。每一个案例都配有详细的教材分析、动作方法、教学目标、教学重难点、学习步骤以及评价标准。除此以外，本书配套光盘中还有教学案例的示范微课视频，帮助教师在短时间内掌握并高效地开展微课设计与微课教学。

希望本书能为青年教师的体育教学工作提供参考与借鉴，为年长教师的专业发展提供创新研究的新思路，从而使他们更好地完成教学任务，更好地促进学生核心素养的发展！

目录

第一章
体育微课的建设意义

第二章
体育微课的制作方法

第三章
五年级体育微课设计案例

第四章
体育微课的应用案例

第一章

体育微课的建设意义

01

第一节　背景分析

党的二十大报告指出，要落实立德树人根本任务，培养德智体美劳全面发展的社会主义建设者和接班人。体育作为教育最基础的一环，其学科价值不容忽视。新课标提出六个新理念：坚持"健康第一"，落实"教会、勤练、常赛"，加强课程内容整体设计，注重教学方式改革，重视综合性学习评价，以及关注学生个体差异。小学阶段的体育教学的目的是增进学生的身心健康，培养学生的体育素养，使学生树立终身体育意识。但从实践情况来看，小学体育课堂面临着缺乏创新、内容固化、教学方法单一等多方面的问题，导致小学体育教学效果并不理想。而微课的应用能够为小学体育课堂注入全新的活力。

微课的核心内容是课堂教学视频，课堂教学视频应包含与教学主题相关的教学模块，包括教学设计、素材课件、教学反思、练习测试、学生反馈以及教师点评等。现阶段，微课已经被广泛地应用于教育领域，成为课堂教学创新的重要手段。从微课所表现出的基本特征可以看出，其与教育领域的融合对小学体育课堂的教学创新具有积极作用。当前小学体育课堂微课的应用实践证明了微课带来了小学体育教学内容的创新、学习方式的创新以及教学评价的创新。这些创新打破了传统小学体育课堂的教学困境，开辟出小学体育课堂教学的新方向。

但是我们在研究初期，通过文献查阅和问卷调查发现，目前视频网站上虽然有部分零散的体育微课，但其内容和质量明显存在很多问题。一是内容缺失、不成系统，不方便教师直接拿来开展整学期整学年的教学活动；二是质量较差、不易理解，不利于学生观察和模仿；三是范围狭窄，不够全面，不利于学校根据自身特色选择使用。

黄鹤英才名师工作室负责人、武汉市武昌区三道街小学校长尹慧红老师，从2013年起，就组织该校教师制作了大量语数英学科的系列微课，该项工作在教学实践中获得了良好效果，也受到了上级主管部门的关注和推广。尹慧红老师秉持"让每一个孩子平等享受优质教育"的办学思想，顺应教育发展的趋势，将信息技术与体育教学整合研究，将"小学体育微课研究"作为研究主题，期待借助微课这一教学工具，完善体育学科课程建设，实现教学资源的共享和学生无时空界限的自主学习，从而提高小学体育教学的实效，帮助学生塑造健康体魄。

第二节　微课的内涵

一、概念界定

1. 微课的定义

微型课程的概念最早在1960年就由美国依阿华大学附属学校提出，它被定义为围绕一定主题组织的相对独立的小规模课程。1993年，美国北爱荷华大学教授Mcgrew提出"60秒课程"，以期在一些非正式场合向大众普及科学常识。1995年，英国纳皮尔大学Tpkee提出"1分钟演讲"。这些都是微课的发端。作为一个新概念，微课的定义也在不断地演化。2008年，美国圣胡安学院在线服务经理戴维·彭罗斯提出了微课程的概念，以及微课程制作的五个步骤。同年，大规模在线课程即慕课（Massive Open Online Courses，MOOC）诞生。2007年，萨尔曼·可汗创建的可汗学院网站在线收藏了3500多部各类学科的教学视频，这些视频时长通常在10分钟左右，可供世界各地的人们免费使用，超过50%的美国小学采用可汗学院的教学视频让学生自主学习。2009年，美国韦恩州立大学也发起了"一分钟学者"项目，参与该项目的教授尝试用一至两分钟的时间解释最复杂、最神秘的事情。2010年8月，比尔·盖茨在世界经济合作与发展论坛上预言："未来5年，网络将成为最好的学校。"不到3年，慕课、微课接踵而来。

我国微课研究是从2011年才开始的。2011年，胡铁生老师提出："微课是按照新课程标准及教学实践要求，以教学视频为主要载体，反映教师在课堂教学过程中针对某个知识点或教学环节而开展教与学活动的各种教学资源的的有机组合。"2012年至2013年微课逐渐成为学者们关注的焦点。各种关于微课的定义也相继出现，主要有三种学说：

第一种是课程说。该学说认为，微课是课，与普通的课不同的是，微课是以一个短小视频为载体的，是针对某一个知识点或是教学环节而设计的，能够支持多种学习方式的碎片化学习课程。例如，上海师范大学黎加厚教授认为；"'微课程'是指时间在10分钟以内，有明确的教学目标，内容短小，集中说明一个问题的小课程。"

第二种是视频说。该学说认为，微课就是一个为了达成教学目标，承载着教学任务的微视频。微课是普通教学视频的mini版，不同于教学视频的是，微课是围绕某一个知识点而设计的，是可以在短时间内达成教学目标的教学视频。例如，华南师范大学焦建利教授认为："'微课'是以阐释某一知识点为目标，以短小精悍的在线视频为表现形式，以学习或教学应用为目的的在线教学视频。"

第三种是资源说。该学说认为，微课可以作为一种学习资源，供学生学习，认为微课是以某个教学知识点或教学环节为主要内容，以视频为主要载体，支持学习者使用多种方式学习的学习资源包。

从上述众多国内外专家学者对微课的定义中不难发现，从本质上看各定义并无太大差异，主题鲜明、内容短小精悍、交互性强，是学者们对微课定义的共同点。

2. 体育微课的定义

体育微课是微课按学科分类的结果。体育微课在具有微课所有特征的同时还具有体育学科的学科特征。因此，本书将体育微课定义为针对体育学科某一知识点（如重点、难点等）或运动技能的环节而设计开发的，以视频为主要载体，能够实现学习者自主学习的体育学习资源。

体育微课是一种教学的再研发过程，是课堂教学的延伸和有效补充，是对传统教学模式和教学案例的突破与创新，也是未来体育教学的重要发展方向。它凸显了学生体育学习的主体地位，满足了学生个性化、移动化和碎片化学习的需要。

二、体育微课的类型

体育与其他学科相比，最大的独特性就在于体育的实践性大于理论性、示范性大于说教性。同时由于受到教学环境、教师、学生、教材、多媒体等因素的影响，体育课堂教学千差万别。为了适应体育课堂教学的复杂性，体育微课可以分为理论教学类、技术教学类、实验教学类、战术演示类、运动欣赏类、体育宣传类、教学环节类等类型。

（一）理论教学类

以体育理论知识传授、信息传递为主要目的的理论教学类微课主要适用于基本理论知识的传道、授业、解惑，常见的表现形式是讲授、问答、提问、作业、启发、讨论、合作、探讨等。

（二）技术教学类

以传授体育运动基本技术、提高运动技术水平为主要目的的技术教学类微课适用于体育实践教学与训练中学习运动技术的过程。其常见的表现形式有示范、演示、对比、练习、动画、纠错等。

（三）实验教学类

用实验来验证不同项目的技术关键以及运动的科学规律的实验教学类微课的表现形式是实验室实验、自然（现场）实验、对比实验、控制实验、对照组实验、单一实验等。

（四）战术演示类

以提高学生在比赛中有效运用战术的能力，从而取得比赛胜利为目的的战术演示类微课适用于体育实践教学与训练及竞赛中学习运动战术。其表现形式有讲解、图解、录像演示、示范、练习、变换、讨论、图示标识、沙盘演示等。

（五）运动项目欣赏类

以观赏体育运动，规范运动技术，产生肌体上的舒适惬意，带来情绪上的欢快愉悦，给人以美的享受为目的的运动欣赏类微课适用于各项目技战术的发展、规则演变、比赛特点、个人修养、心理调节等。其常用教师展示、优秀运动员比赛片段展示、标准动作示范、优秀教法分析等来展示。

（六）体育宣传类

以传播一定的体育观念来影响人们的体育思想和行为的社会行为的体育宣传类微课用于体育运动的宣传、推介。其常见的表现形式有激励、鼓舞、劝服、引导、批评、教育、宣扬等。

（七）教学环节类

以体育教学和训练课堂环节、结构为内容的教学环节类微课用于体育课堂教学、体育公开课、体育展示课活动等。它可以用课前预习、新课导入、准备活动、练习方法手段、知识拓展、结束放松等形式展示。

第三节　国内外研究

一、体育微课资源方面的研究

我国微课的研究起步比较晚，体育微课的研究起步更晚一些，直至2012年才刚起步。2012年12月，由教育部主办的首届全国高校微课教学比赛共征集体育学科参赛作品182个，最终只有12个体育学科微课在决赛中获奖。2013年，微课之风更加盛行，并风靡全国。直至2018年底，全国共举行了4届全国性的微课大赛。微课作品征集开始呈现系列化，微课资源日渐丰富，但至今还没形成有影响力的体育微课课程资源网站。

东北师范大学的智慧教育联盟于2016年4月在合肥举办全国第一期微课培训，该培训针对体育学科，培训的只是微课通识。体育微课应该怎样做，此时并没有具体的模式和辅导老师，仅有通识方面的指导老师。体育微课的功能与价值、分类、制作、推广等还需在实践中探讨。

张培在《数字化情境下小学体育微课教学探究》中指出，体育微课作为数字化情境下的新型教学形式，突破了传统教学模式的局限性，以其可视化、趣味化、多维化等特点，优化了教学结构，提升了体育教学效果，对于提高学生的学习兴趣、学习成效具有较好的助力作用。

然而，目前体育微课程资源网站上的体育微课内容不成系统、质量参差不齐、范围狭窄，不方便体育教师根据学校自身特色选择使用。

二、体育微课制作方面的研究

从国内学者对微课的定义来看，大多数学者认为微课是一种新型的学习资源。如果是学习资源，就必然会牵扯到如何去设计、如何去制作，其设计的科学性和制作的质量将大大影响其今后的应用效果。

胡铁生认为，微课建设的出发点和基础应当是"微教学的设计"。他认为，微课既然被定义为一种学习资源，那么在进行微课资源设计时，可以根据ADDIE模型设计步骤的五个阶段来进行。

梁乐明等分析比较了国内外典型的微课网络学习资源的设计，找出了这些设计的共性和特点，并结合其中的优势，重新对微课网络学习资源的设计模式进行了构建。

肖威和肖博文在《体育类微课设计流程与制作方法》中提出，在体育微课制作方法上，课件的制作和素材的选取是首要的，教学实施、拍摄、屏幕录制是不可或缺的，后期的编辑、加工是体育微课质量的保障。

沈锋在《中小学体育教学中微课设计五原则》一文中提出，在设计中小学体育教学微课时需遵循以下五个原则：适宜性原则、趣味性原则、易学性原则、系统性原则、实用性原则。

任军在《体育微课设计的趋势与理念再认识》一文中提出了在体育微课设计制作要满足以下要求：

（1）分析研究学生年龄特点、认知水平，借助多种媒体形式，生动、形象地展示和讲解知识。

（2）画面简洁，不要有与教学无关的要素。

（3）字体和背景的颜色搭配合理。

（4）语言表达准确规范、生动活泼，富于启发性和感染力。

（5）录制环境安静、无噪声。

（6）背景音乐轻松，不喧宾夺主。

（7）要注重学习者的运动基础。

邱伯聪在《体育微课的特点、制作与建议》中提出，根据学校体育教学内容具有直观性、活动性、户外性，可操作性强等特点，体育微课的制作方法较多采用外部视频工具拍摄（摄像机或手机）和屏幕录制（电脑、带话筒的耳麦、Camtasia Studio等视频录像软件或微讲台课程制作软件、PPT软件）。

袁圣敏、毛振明、郎健在《北京市中小学体育微课设计开发的现状调查》中阐述：学校体育教师在短时间内投入微课程的录制，这固然为体育教学改革探索了一条新路，注入了新的活力，但也应注意到这其中有一部分教师使微课制作流于形式。部分教师很少针对教学进行深入的思考，有些不适合采用微课教学的教学内容也被录制成微课，这就造成了微课质量不高的问题。

以上学者对体育微课设计与制作的研究较有代表性，他们分别对体育微课设计的视频设计要求、教学设计原则和策略、制作方法及某地区体育微课设计开发现状进行了研究，这些研究为体育微课的设计与制作指明了方向，有很好的借鉴意义。

三、体育微课运用方面的研究

现在体育微课研究受到越来越多的关注，体育微课研究的数量也呈逐年增加的趋势。这表明现阶段我国体育微课研究逐渐白热化，体育微课的应用已成为时代潮流，也表明全国各地一线教师和教研人员对体育微课实践应用勇于探索，善于归纳总结，并能不断思考与反思。

黄平将微课理论和实践引入"体育科研方法"课程，并且对"体育科研方法"课程微课资源设计与开发的策略和相关应用展开了研究。该研究涉及微课资源的设计原则、微课资源的应用平台、微课资源的设计与制作以及后期的教学反思等内容，对利用体育微课资源辅助课堂教学，促进教学互动的发展，提高学生的自主学习能力，促进教师专业化发展等都具有十分积极的作用。

历叶红在《微课教学在高职体育课程教改中的应用》中认为，微课作为一种能够有效激发学生学习兴趣、提高学生学习效率的新型教学方式，可以有效提升高职体育课程的教学效果。

邹伟在《微课在中学体育教育中的应用研究》中一文中指出，微课在中学体育课程中的应用和实施，是信息化教育的必然结果。体育教学应当微课与常规课程教学相结合，实现微课与其他教学资源的匹配，注重应用方法，从而创建系统的微课应用平台，汇集微课资源。

孙晶晶在《微课在体育教学中的应用初探》中认为，微课在体育教学中的应用使体育教学更加方便、快捷、高效，方便学生反复学习，有助于提高学生的学习热情，增强学习效果。她认为，在体育教学中，微课应根据教学要求，因材施教，将传统课程与微课教学融合，结合演示法与表演法解释体育教学的内容。

陈源在《开拓儿童运动新空间——小学体育微课的实践研究》中研究通过线上体育微课开拓儿童居家运动的新空间。该研究增加了体育课堂的多维互动，有助于让儿童对体育课更感兴趣，运动积极性更高。

在所查阅的文献中还有基于微课的乒乓球教学模式建构、微课在乒乓球教学实践中的应用研究、公共体育教育中武术微课模式应用研究、在高考体育铅球训练中微课的应用研究等。微课在协助传统体育课堂完成体育教学任务方面具有不可替代的优势，它可以显著加快学生学习动作的进度，帮助学生在动作技能的泛化阶段形成正确的动作技能概念，增强学生体育学习的积极性和主动性，提高学生体育学习的兴趣。

以上研究有一定的借鉴价值，但是其体育微课应用研究更多的是针对高等院校体育教育教学，涉及小学体育微课应用研究的较少。如果仅从对微课在教育教学领域中应用的整体情况来看，中小学体育教师落后于中小学文化课教师，更远远比不上高校体育教师。究其原因，主要是中小学体育教师对微课的价值、作用和意义存在认识偏差，没能对微课给予足够重视。同时，体育微课的设计与制作及其课程建设，都需要体育教师具备一定的现代多媒体制作技术基础，并能运用多媒体和教育技术来展现教学过程。但目前大多数中小学体育教师在此方面还有所欠缺。

综上所述，小学体育微课制作与应用还处于一个起步探索阶段。许多小学体育教师对体育微课还不太熟悉，不清楚如何制作与运用体育微课，且体育微课案例资源库素材不足、质量不高等也限制了小学体育教师对体育微课的运用。我们期望将现有的体育学科与信息化技术手段充分融合，创建系统性的微课资源库。该资源库将包含小学体育课程所涉及的技术、技能学习内容，以满足广大教师、学生及有需求的人士查阅、应用的需求。

第四节　建设意义

一、体育微课是体育课程建设的需要

体育微课建设可以完善体育课程标准的教学内容。旧体育教学大纲上有每一个动作的讲解示范，新课标上虽然也有，却不是很全面。课程组通过全面、系统地梳理教材，加上视频教学，从而对课程标准上的教学内容进行补充。

二、体育微课实现优秀教师和教学资源的共享

体育教师在进行技术动作较复杂或难度较高的课程教学时，若有相应的微课教学资源进行丰富和补充，可以起到事半功倍的作用。体育微课的制作和运用对体育教师的设计能力、资源开发利用能力和信息化教学技能都提出了很高的要求，这对体育教师专业发展和专业教学能力提升无疑能够起到促进作用。

三、体育微课实现无时空界限的自主学习

体育微课打破了时空界限，使学生可以随时随地通过观看微课，有效地提高对所学技术动作的认知度和掌握度，满足个性化需求，更加自主地学习，积淀终身体育意识。

第五节　创新之处

本书的编写与应用是基于尹慧红名师工作室的专业引领进行建构的，编写组的成员均为各区的体育学科教学骨干。在专家的指导和帮助下，本书有如下几个创新之处。

一、彰显区域特点

工作室的成员均来自武汉市各区具有体育特色的学校，每个区域的办学理念与生源各具特点。编写组成员对于体育微课的研究不仅不会局限于所处地区，还会互通有无、取长补短，各成员利用各区、各校现有的设备进行有创意的微课设计与制作，因地制宜地建成一套具有区域特色的适合小学体育学科的微课资源库。

二、优化教学资源

尹慧红名师工作室的主要负责人尹慧红校长所在的武汉市武昌区三道街小学是一所全国闻名的信息化特色学校。该校教育技术先进，电教设施完备，教师可以充分利用微校、校园网、智能终端等多种途径发布微课资源，以便学生更方便、快捷地使用微课资源。因此，我们在进行研究时，不仅可以优化教学资源，还可以根据不同类型的体育技能，构建微课应用平台和应用模式，使体育课程标准水平一至水平四技能的教学内容能够分门别类地形成序列，从而弥补国内体育微课内容单一的不足。

三、创新传统课堂

实施研究，我们不仅需要体育教师革新传统的教学与教研方式，突破教师传统的听评课模式，还需要体育教师提升微课制作水平，使教学资源应用更具针对性和实效性，从而更好地使学生对不同体育技能知识点进行个性化学习，按需选择学习，达到让体育微课起到帮助学生查缺补漏、强化巩固知识的目的。微课是对传统课堂学习的一种重要补充和拓展。本书尝试从根本上提高课堂教学效率，促进学生全面和谐发展，培养教师和学生的信息素养，为武汉市小学体育教学整体发展再谱新篇。

第二章

体育微课的制作方法

02

第一节　体育微课的教材分析

一、基于体育学科核心素养视角看新课标

2022年4月，教育部印发了《义务教育课程方案和课程标准（2022年版）》（以下简称"新课标"）。新课标坚持以习近平新时代中国特色社会主义思想为指导，全面贯彻党的教育方针，落实立德树人根本任务，对义务教育课程进行了整体设计和系统完善。

总体上来讲，新课标主要从课程方案和课程标准两个方面做了进一步修订和完善。课程方案的修订主要集中在培养目标的完善、课程设置的优化和实施要求的细化三个方面。课程标准的修订则主要集中在培养目标的具象化、课程内容结构的优化、学业质量标准的研制、教学指导的强化和学段衔接的重视等五个方面。新课标强化了课程育人功能，指向清晰、逻辑严谨、结构合理、重点突出、指导性强。

新课标要求，处于义务教育阶段的学生其所在学校的各年级均应开设体育与健康课，该课程的课时占总课时的比例为10%～11%，这一占比仅次于语文（20%～22%）、数学（13%～15%），高于外语（6%～8%），排名第三。课标一出台，便立刻引起了广泛讨论。相比11年前，2011年课标中虽然体育课的课时占比越居第三主课的地位，却未在舆论上掀起任何波澜，而2022年，同样的名次却引起了整个社会的强烈关注，这反映了整个中国社会对学校体育的关注和期待在增强。这种变化除了来自全民对体育、健康的追求之外，也与国家近年来连续出台的一系列推动学校体育、促进学生健康发展的

文件有关。今天的学校体育不仅是学生个人身心健康的成长需求，也是每个家庭长期幸福的共同愿景，更关系着国家民族的前途命运。

（一）课程目标的改变，突出核心素养导向

新课标提出培养有理想、有本领、有担当的时代新人，这是总的育人目标。而各课程标准是基于义务教育培养目标，将党的教育方针具体细化为本课程应着力培养学生的核心素养，体现为正确的价值观、必备品格和关键能力的培养要求。这意味着新课标真正实现了从学科到人、从知识到能力、从能力到素养的培养目标的转型。义务教育体育与健康课程三版课程目标对比，见表2-1-1。

表2-1-1 义务教育体育与健康课程三版课程目标对比

2022版课标	2011版课标	2001版课标
核心素养：运动能力、健康行为、体育品德。 总目标： 1.掌握与运用体能和运动技能，提高运动能力。 2.学会运用健康与安全的知识和技能，形成健康的生活方式。 3.积极参与体育活动，养成良好的体育品德	1.掌握体育与健康的基础知识、基本技能与方法，增强体能。 2.学会学习和锻炼，发展体育与健康实践和创新能力。 3.体验运动的乐趣和成功，养成体育锻炼的习惯。 4.发展良好的心理品质、合作与交往能力。 5.提高自觉维护健康的意识，基本形成健康的生活方式和积极进取、乐观开朗的人生态度	1.增强体能，掌握和应用基本的体育与健康知识和运动技能。 2.培养运动的兴趣和爱好，形成坚持锻炼的习惯。 3.具有良好的心理品质，表现出人际交往的能力与合作精神。 4.提高对个人健康和群体健康的责任感，形成健康的生活方式。 5.发扬体育精神，形成积极进取、乐观开朗的生活态度

从表2-1-1可以看出，较旧课标而言，新课标第一次提出了体育学科对于核心素养的培养目标。体育核心素养是我国学校体育进一步深化改革的价值指向，基于核心素养构建体育课程内容的价值诉求，包括尊重学生的主体地位、回归学生的生活世界、强调课程内容的衔接性与结构化。体育学科在核心素养的确定上沿用了高中体育课程标准中的运动能力、健康行为和体育品德三要素，以核心素养为导向贯穿新课标始终。

（二）教学内容的改变，突出运动兴趣的导向

新课标在教学内容的分类上更趋向于根据体育课程的专业术语进行，如基本运动技能、体能、健康教育、专项运动技能，增加了跨学科主题学习。新课标共148页，分为七章，课程内容着墨90多页，在球类、田径、体操等项目基础上，还增添了水上、冰雪、飞盘、滑板、轮滑等新兴的运动项目，其目的在于鼓励学校、教师积极开发校本课程，拓展教学内容，激发学生对体育课程的兴趣。义务教育体育与健康课程三版课标教学内容对比见表2-1-2。

表2-1-2　义务教育体育与健康课程三版教学内容对比

2022版课标	2011版课标	2001版课标
1.基本运动技能。	1.运动参与。	1.运动参与。
2.体能。	2.运动技能。	2.运动技能。
3.健康教育。	3.身体健康。	3.身体健康。
4.专项运动技能。	4.心理健康与社会适应	4.心理健康。
5.跨学科主题学习		5.社会适应

（三）评价方式的改变，突出核心素养的导向

新课标弱化结果性评价，运用信息技术强化过程评价，探索增值评价，健全综合评价。众所周知，评价具有显著的引导功能。新课标将课程标准与育人目标高度关联，以评价来引领目标和教学活动。特别是在学业标准的制定上，明确了教、学、考的一致性。义务教育体育与健康课程三版课标评价方式对比见表2-1-3。

表2-1-3　义务教育体育与健康课程三版评价方式对比

2022版课标	2011版课标	2001版课标
1.注重评价方法多样化。	1.定性评价与定量评价相结合。	1.教师评定。
2.重视过程性评价。	2.形成性评价与终结性评价相结合。	2.重视学生的自我评价和相互评价
3.加强运用现代信息技术开展实时和精准的评价	3.相对性评价与绝对性评价相结合	

（四）教学方式的改变，突出综合能力导向

1. 大单元教学的凸显

体育学科整个教学设计、教学实施都将围绕核心素养的达成，在教学内容上，将摒弃过去单一技术和单一知识点的碎片化教学，提倡结构化的运动知识和技能的教学。

新课标倡导大单元教学，强调对一个项目的完整学习和体验。大单元教学是指基于学科核心素养、学生身心发展规律和学科知识逻辑体系建构的学科教学单位，大单元教学过程对学习内容进行分析、整合和重构，形成一个主题下的目标、内容、情境、活动、评价等要素的统筹规划和科学设计。

2. 落实"教会、勤练、常赛"

《关于全面加强和改进新时代学校体育工作的意见》和《关于深化体教融合 促进青少年健康发展的意见》都明确提出落实"教会、勤练、常赛"。体育课堂要以教会为目的，满足学生落实"2+1"特长的需求；以勤练为手段，确保学生拥有健康的体魄；以常赛为抓手，培育学生的核心素养。这也是知识、能力、素养有机统一的体现，教会是知识的学习，勤练是能力的掌握，常赛是素养的体现，只有在比赛中（真实情境）才能看出学生是否真的学会、掌握与运用所学的知识（技战术、技能技巧）。

（五）运动强度的改变，突出强健体魄导向

新课标对体育课的运动负荷标准做了界定，提出要科学设置运动负荷，每节课应达到中高运动强度，班级所有学生平均心率原则上在每分钟140～160次。

义务教育阶段，越临近中高考，学生学习与心理负担越大。学生若想变得优秀，必须有强健的体魄作为支撑。全民体育健康水平是民族生命力的体现，也是国家综合实力的体现。毛泽东在《体育之研究》中提道，"国力苶弱，武风不振，民族之体质，日趋轻细。此甚可忧之现象也"，提倡"文明其精神，野蛮其体魄"。习近平总书记也寄希望于"少年强则国强""体育强则中国强"。新课标强调体育课要有强度、有难度、有对抗，坚决回避

"不出汗的体育课"，体育课就要有体育课的样，体育课要抵制怕学生出事而放鸭子、减轻运动量、减少运动密度的现象。

以上新课标的变化对推动义务教育高质量发展、全面建设体育强国，实施健康中国战略具有重要意义。在新课标理念下，学校体育应该围绕学生运动能力、健康行为、体育品德三大核心素养，改变学生学习方式，创新评价机制，积极推动中小体育教育的全面发展。

二、体育与健康教材课程目标

新课标中体育与健康的课程目标由三维目标升级为核心素养。课程目标是结合课程性质对学生学习及发展结果的期待。课程目标的素养导向有利于转变将知识、技能的获得等同于学生素养发展的目标取向，有利于引领教学实践及教学评价从运动能力、健康行为、体育品德三大核心素养的视角，着力培养学生正确的价值观、必备品格和关键能力。

体育与健康教材基于核心素养针对运动能力、健康行为、体育品德三大核心素养提出了三点课程目标。

1. 掌握与运用体能和运动技能，提高运动能力

通过体育与健康课程的学习，学生能享受运动乐趣，掌握各种体能的学练方法，积极参与各种体能练习，达到《国家学生体质健康标准（2014年修订）》的相应要求，改善体形，保持良好的身体姿态；在学练多种运动项目技战术和参与展示或比赛的基础上掌握1～2项运动技能；认识体能和运动技能发展的重要性，掌握所学运动项目的基础知识和基本原理，了解并运用所学运动项目的规则；经常观看体育比赛，并能简要分析体育比赛中的现象与问题；形成积极的体育态度，提高分析问题和解决问题的能力。

2. 学会运用健康与安全的知识和技能，形成健康的生活方式

通过体育与健康课程的学习，学生能理解体育锻炼对健康的重要性，积极参加校内外体育锻炼，逐步形成体育锻炼的意识和习惯；掌握个人卫生保健、营养膳食、青春期生长发育、常见疾病和运动伤病预防、安全避险等知识与方法，并运用到学习和生活中，了解和体验体育活动对心理健康的积极影响，学会调控自己的情绪，积极应对挫折和失败，保持良好的心态；主动同他人交流与合作，知道在不同环境下进行体育锻炼的方法和注意事项，逐步适应自然环境和社会环境。

3. 积极参与体育活动，养成良好的体育品德

通过体育与健康课程的学习，学生能理解参与体育学练、展示或比赛对个人品德塑造的重要性；积极参与体育活动，在遇到困难或挑战自身身体极限且保证安全的情况下能克服困难、坚持到底，与同伴一起顽强拼搏；遵守体育游戏、展示或比赛的规则，相互尊重，诚实守信，具有公平竞争的意识和行为；充满自信，乐于助人，表现出良好的礼仪，承担不同角色并认真履行职责，正确对待成败；能将体育运动中养成的良好体育品德迁移到日常学习和生活中。

新课标要求关注学生个体差异。体育与健康课程在高度关注对所有学生进行激励与指导的基础上，要求针对不同身体条件、运动基础和兴趣爱好的学生因材施教，提出不同的学习目标，选择适宜的教学内容，采用多样的教学方法与学习评价方式，为学生创造公平的学习机会，促进每一名学生产生良好的学练体验，增强学生学习的自信心，从而使学生在原有的基础上获得更好的发展。

针对足球、篮球、乒乓球等球类运动，新课标要求学生关注所学球类运动项目重要比赛的相关信息，提高对该运动项目的认知；每学期通过现场、网络或电视观看不少于8次所学球类运动项目的比赛，如观看班级内、校队、全国或国际比赛等，能对某场高水平的比赛做出分析与评价。

三、体育与健康教学内容

根据学生运动能力的形成和身心发展规律，义务教育体育与健康课程对学习和掌握结构化的基本运动技能、体能、健康教育、专项运动技能和跨学科主题学习五大内容进行了系统的安排和设计。体能、健康教育、跨学科主题学习横向关联、贯穿始终。在体能方面设置了"身体成分、心肺耐力、肌肉力量、肌肉耐力、柔韧性、反应能力、位移能力、协调性、灵敏性、爆发力、平衡能力"共11项基本指标。同时，新课标将健康教育、跨学科主题学习从小学一年级开始贯穿义务教育学段学习的始终，既体现了体育与健康教育的高度融合，也体现了体育与德育、智育、美育、劳动教育和国防教育的有机融合，从而起到发展学生核心素养的作用。

体育与健康课程具体教学内容如图2-1-1所示。

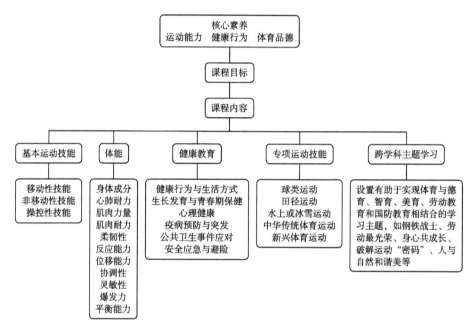

图2-1-1　体育与健康课程具体教学内容

第二节　体育微课的设计思路

体育微课的设计意图是使学生自主学习获得最佳效果，教师经过精心设计信息化教学，以解释某一运动技术难点为目标，围绕某个体育知识点或技术技能开展简短、完整的教学活动，并将之以短小精悍的音视频等媒体形式呈现出来。

一、体育微课设计遵循的思路

（一）主题突出

一个体育微课只讲解一个特定的知识点，当该知识点涉及另一个知识点时应另外设计一个微课，因而微课的选题要突出围绕体育活动中某个特定的知识点通过视频方式展现给学生，知识点的选择和表达是体育微课的核心要素。知识点的切入应是学生必须学，也想要学的，如教学重点、教学难点、教学疑点、易错点、考点等。

（二）短小精悍

短：指的是视频时间和教学组织活动时间短。视频时间5到10分钟为宜，化繁为简，只关注核心。

小：指的是视频容量小、资源容量小、教学主题小，微型化资源便于学生利用空隙时间进行学习，更利于体育碎片化知识的共享、重置和构建。

精：指的是教学内容精练、教学活动精彩，呈现的是完整的教学活动（环节），做到"3分钟一个兴奋点，5分钟一个大转折"。

悍：指的是微课交互性强、应用面广、功能强大。

（三）形式多样

体育微课内容的呈现方式应是多种多样的，可以是课堂实录，还可以通过录屏软件、PPT、Flash等技术制作的视频，让其表现形式变得丰富多彩；言语要简明扼要，声音要能描绘大场景，视频设计要体现大剧情（序幕、发展、高潮、结局、尾声等），画面构图要新颖独特、精致精美、表现力强。

（四）情境真实

体育微课的构成要素是完整的课堂教学视频。微课中有教师缜密的教学设计，也有教师的多媒体课件，讲解、示范、保护与帮助等都是教师本人操作。运动场地，教学器材，教学方法、手段、反思，学生练习、测试等都是课堂的真实体现。学生看到的应该是一个教师亲力亲为且融直观性、活动性、户外性、可操作性为一体的"浓缩"课堂。

二、体育微课学习内容设定

根据以上设计思路，在设计体育微课时，不仅要科学、精练、严谨、充实，更需要符合学生认知规律、适合教学对象。教学方案的设计，不仅要结构完整、表述规范、逻辑清晰的要求，更应关注学生的学习需求。因此，体育微课设计需做到以下几点。

（一）教学目标

教学目标应符合课程标准，符合学生认知水平，要具体、可达成。

（二）教学内容

教学内容应符合课程标准，与教学目标相适应；严谨无误，无科学性错误；重难点突出；符合学生认知水平。

（三）教学过程

教学过程层次清晰、结构合理；各教学环节时间分配合理，与教学重点、难点相适应；符合学生认知发展规律；明确各教学环节的主要内容、使用的手段、对应的PPT页码及拍摄技术要求（如中景、近景、特写）。

（四）教学方式

教学方式应与教学目标、教学内容相适应；突出微课特点；有针对性，能照顾学生个体差异。

（五）教学效果

要达到学生积极参与、帮助学生尽快掌握基本知识与技能以及帮助学生习得学习方法、学习策略的教学效果。

（六）教师要求

要求教师态度认真、遵循教育规律，熟悉本学科及微课的发展趋势；有扎实的教学基本功。

三、体育微课具体设计步骤

（1）分析学习需求，选择合理的知识点或主题。

（2）分析学生特征，选择合适的体育微课类型。

（3）构建完整精练的教学结构和整体布局。

（4）进行微教案设计、微课件设计、微素材设计。

（5）撰写微视频拍摄详细脚本（这是微课制作的关键）。

（6）录制微课，后期编辑加工。

（7）应用、评价、反思、修正微课。

处在在数字化信息时代的今天，体育微课运用多元化的数字教学手段展现出直观的动作技术教学，作为传统体育课堂学习的一种重要补充和资源拓展，能取得显著的教学效果，在今后的体育教学中将发挥更加突出的作用。

第三节 体育微课的组成部分

体育微课与其他微课一样，是以课程标准为依据，按照一定的计划，有目的地围绕某个知识点，并以一定的组织关系和呈现方式构建的主题教学资源。体育微课的作用是向学生提供体育知识、技术与技能的学练方法指导，它可用于课堂教学、网上学习或两者融合的混合式学习。

体育微课由开始部分、准备部分、基本部分、结束部分这四部分组成。每部分的内容和组织安排则因主题学习目标、教学内容、学情以及作业条件（场地、器材、季节、气候等）的差异而有所不同。

体育微课的组成部分如图2-3-1所示。

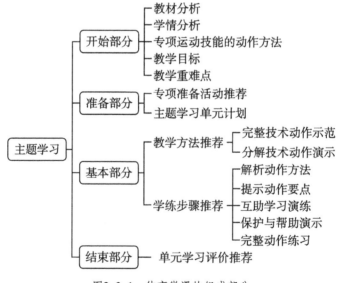

图2-3-1 体育微课的组成部分

一、开始部分

开始部分帮助学生尽快了解主题学习的属性、技术特点、运动负荷特点、学情特点，从认知、运动技能、情感态度和体能等维度阐述主题学习的目标及意义，明确学习重点和努力方向。

开始部分的主要内容由教材分析、学情分析、专项运动技能的动作方法、教学目标、教学重难点五部分组成。

二、准备部分

准备部分由专项准备活动推荐及主题学习单元计划介绍构成。

专项准备活动由以下几种方式组成：一是徒手的模仿练习，二是完整技术或动作分解后对某个重要环节的重复练习，三是相近技术动作的练习、辅助练习、诱导练习等专门性的准备活动。这些专项准备活动的推荐，对帮助学习者掌握体育基本知识、要领、技能，防止运动损伤有着重要意义。

准备部分通过对主题学习单元计划的介绍，帮助学生更好地了解本单元的学习内容及重难点，为更好地完成主题学习奠定基础。

三、基本部分

基本部分是主题学习的重要组成部分。该部分主要由两大块组成：一是教学方法推荐，包含完整技术动作示范、分解技术动作演示两方面内容；二是学练步骤推荐，包含解析动作方法、提示动作要点、互助学习演练、保护与帮助演示、完整动作练习等五个内容。

基本部分实施应注意以下几点：

（1）示范动作规范，分解动作清晰、准确。

（2）依据教材特性与学生的特点，确定循序渐进分步学练的目标及重点提示。

（3）推荐突破重难点的学练方法，能切实帮助学生更好地掌握学习内容，提高身体运动技能。

（4）推荐正确的安全保护与互助学习方法，确保学生安全地参加主题学习活动。

四、结束部分

结束部分为单元学习评价推荐。评价指标一为《国家学生体质健康标准（2014年修订）》，评价指标二为不同地区根据不同主题学习制定的地方评价标准。

第四节　体育微课的制作流程

微课的素材主要由图文和视频组成。其中图文部分最简单的制作方法就是制作PPT，而视频部分可以使用手机、数码相机、DV等摄像设备拍摄和录制，也可以使用录屏软件在电脑上录制。

体育微课的制作流程主要为教案设计、视频拍摄、课件制作、视频剪辑、配音合成、审核修改六个步骤。

一、教案设计

不论是常规课堂还是微课，都是以教案为蓝本进行教学活动的，因此好的教案设计是做出好微课的基础。教案设计要注意以下环节。

（一）确定课程内容

根据《义务教育体育与健康课程标准（2022年版）》，课程内容分为基本运动技能、体能、健康教育、专项运动技能、跨学科主题学习等五个大类，而每一小节微课关注的则是某个具体的内容要求。对于比较复杂或者难以掌握的内容，需要分多个课时逐一击破。

（二）了解学生学情

根据学业要求，知晓学生通过本课程的学习应该达成什么结果，再根据教学提示，合理地安排教学环节和特别示范，以保证学生能看懂、学会。

（三）明确教学目标

利用水平目标，结合学生的实际情况和教师的教学安排，为每一节微课设计独立的教学目标。这一部分可以作为课后的评价内容，帮助学生反思学习效果，决定是否需要继续反复学习或练习。

（四）撰写微课脚本

微课是一场"独角戏"，教师的引导和示范尤其重要，因此脚本更要精细打磨。教师应该用最简洁、科学的语言给学生下达明确的指令，用最清晰、直观的画面给学生提供精准的指导。因此，微课既要好看，又要好学，而这都体现在脚本的设计上。

体育微课的教案设计与脚本撰写参见表2-4-1、表2-4-2。

表2-4-1 体育微课程教案设计

教师姓名		联系方式		照片
职务职称		邮箱		
课程名称				
个人荣誉				
序号	知识点名称		课程类型	备注
1				
2				
3				
4				
5				
6				
7				
8				
9				
10				
审核意见				

续 表

审核人	
	签名： 年　　月　　日
填写说明	理论课、实操课课程比例由教师自行规划填写。

表2-4-2　体育微课脚本撰写

知识点名称							
镜头号	对白	镜头描述	景别	特效	时长	教材/教具	课程类别
1							
2							
3							
4							
5							
6							
7							
8							
9							
10							
11							
12							
13							

微课录制脚本填写说明：

对白指的是教师上课时所说的主要内容，起到承上启下的作用：一方面概括本节课的知识点，另一方面提示教师上课流程已进行到哪一步。

镜头描述指的是教师在录制过程中想出现的授课画面，如教师自己是否出镜（若出镜，则镜头画面准备全身出镜还是半身出镜或某处特写镜头）、镜头主要涵盖哪些教学内容（PPT、板书，或是教师指定教具或教材镜头）、实操课镜头对指定教学内容的拍摄步骤和注意点等。

景别分为远景（全身镜头）、近景（半身镜头）、特写（被拍摄物或人的指定拍摄范围）三种，由教师根据授课内容自行选择。

特效指的是对被拍摄教学内容或教具等在后期处理中进行特殊标注解说的方法。例如，对某个视频片段进行加速或降速，放大某个特定的运动部位，等等。

时长为教师对不同部分的教学内容预设的授课时间，重点是为课程总时长做预估准备，课程总时长不得超过10分钟。

教材/教具指的是教师上课使用的教材或教学工具。

课程类别有讲授类、演示类、表演类、探究学习类、录屏类。

二、视频拍摄

（一）录制场地

录制场地可以是课堂、演播室或礼堂等，面积尽量在50平方米以上。要求录制现场光线充足、环境安静、整洁，避免在镜头中出现有广告嫌疑或与课程无关的标识等。

理论课的录制场地可以是课堂或演播室，同一所学校理论微课录制场地要统一，使用同一间教室或演播室，以达到后期课程制作的统一美观。录制环境要求安静整洁，室内可完全隔绝日光（窗帘遮蔽等形式均可）。

实训课及其他课程录制场地根据课程需求由授课教师自行选择。录制地点要给录制设备留足够的空间，预留空间最好是以录制目标为圆心半径5米以上的场地。

录制环境均要求可从外部或内部接入电源。电源接口不少于两个。

在实际拍摄微课时，光线问题需要引起注意。课程录制要做到色温统一，只留室内日光灯作为照明光源，为保证足够的照度，室内灯光光源按需开启。

录制现场环境保持安静、整洁，校方应提前安排人员打扫录制现场的卫生。理论课要求投影幕布无污渍、讲台无灰尘、黑板上无无关内容、教室地面无扬尘。实操课要求教学器具无污渍、灰尘，场地干净卫生，背景避免出现有广告嫌疑或与课程无关的标识等。

（二）录制仪态

1. 着装问题

教师讲课时应尽量穿着统一的教师工装，若学校未配备工装，教师尽量不要穿与黑板、周围颜色相近的衣服，避免学生难以分辨教师与背景。

教师工装内尽量不要穿细条纹衣服，避免产生条纹扭曲现象，也尽量不要穿大红、深红色衣服，避免摄像机出现色差。

男教师尽量穿有腰带的裤子，有时要在腰带上安装无线话筒，没有腰带不太方便。穿衬衫要将衬衫塞进裤子里。

2. 妆饰问题

女教师可化淡妆，保证面部清爽干燥，不要出油。注意发式，女教师应将头发束在脑后，刘海不宜过长，避免过多遮挡面部；男教师不要留长发。

教师讲课尽量不要佩戴装饰品，女教师的项链、手链、耳钉、发夹等应在录课之前取下，录课时尽量不要戴框架眼镜，建议使用隐形眼镜。男、女教师均可佩戴手表。

3. 肢体语言

教师在录制微课前应进行课程预讲，保证讲课流畅、语言通顺，尽量避免口头语的使用（如嗯、哦、啊）及一句话多次重复。可邀请其他教师听课，指出自己上课时的语言缺点，录制前改掉相应语病及错误。

教师在课堂教学活动中，主要以口头语言及书面语言的方式进行师生间的交流与互动，传播知识。但是，仅凭口头语言及书面语言来传递信息是远远不够的。教师在教学过程中应该充分调动肢体语言，使肢体语言成为口头语言及书面语言的有效补充及辅助。肢体语言运用得当，有助于教师做好课堂组织教学管理工作，提升课堂教学魅力。

课堂上的肢体语言主要包括表情及动作两个方面。脸部可以在大脑的驱使下做出喜、怒、哀、乐等情态变化。教师运用眼神传情达意，可以让学生从眼神中获知教师的所思所感。课堂上，教师的眼神常常起到"此时无声胜有声"的作用，灵活恰当地运用各种眼神，能有效加强师生之间的沟通与交流。

除了表情以外，动作也是肢体语言的重要组成部分。手势是教学活动中常用的一种肢体语言表达方式。例如：教师手掌向上抬，常表示示意学生起立或鼓励学生大胆讨论、答题；手掌侧立，用力下切，表示坚定的态度；双手虚按，表示要中止正在进行的活动；指着板书勾画圈点，能帮助学生从中捕获信息、抓住重点。总之，教师手势的一起一落、一挥一晃，带动的是整个课堂的气氛，让课堂不呆板单一，使学生不会情绪低落。

4. 人员协调

实拍前与教师沟通录制流程。这样做一方面帮助教师缓解紧张情绪，克服面对镜头时的焦虑；另一方面了解教师的上课安排，提前做好应对准备。根据课程内容及中心设备情况，向教师阐明拍摄时将使用高清摄像机分机位拍摄，两个机位分别为主场景、全景机位。主场景作为最重要的景别，记录课程大部分详细授课过程。全景机位作为交代镜头，同时作为对主场景的备用镜头。在不同讲课时段教师应按要求面向不同镜头授课。

（三）录制要求

一般的微课录制应达到以下要求。

（1）拍摄方式：根据课程内容，采用多机位拍摄（两个机位），机位设置应满足完整记录课堂全部教学活动的要求。

（2）摄像设备：摄像机要求不低于专业级数字设备，如高清数字设备。

（3）录音设备：使用若干个专业级话筒，保证教师的录音质量。

（4）灯光设备：使用3台多频段灯光设备。

（5）后期制作设备：使用相应的非线性编辑系统。

（6）片头、片尾不超过10秒，应包含学校标志。

（7）课题版微课应包含课程名称、主讲教师姓名、学校名称等信息。

（四）技术指标

1. 视频信号源

（1）稳定性：全片图像同步性能稳定，无失步现象，CTL同步控制信号必须连续；图像无抖动跳跃，色彩无突变，编辑点处图像稳定。

（2）信噪比：不低于55分贝，无明显杂波。

（3）色调：白平衡正确，无明显偏色，多机拍摄的镜头衔接处无明显色差。

（4）视频电平：视频全讯号幅度为1Vp-p，最大不超过1.1Vp-p。其中，消隐电平为0V时，白电平幅度0.7Vp-p，同步信号–0.3V，色同步信号幅度0.3Vp-p（以消隐线上下对称），全片一致。

2. 音频信号源

（1）声道：中文内容音频信号记录于第1声道，音乐、音效、同期声记录于第2声道，若有其他文字解说记录于第3声道（如录音设备无第3声道，则录于第2声道）。

（2）电平指标：–2～–8分贝声音应无明显失真，放音过冲、过弱现象。

（3）音频信噪比不低于48分贝。

（4）声音和画面要求同步，无交流声或其他噪声等缺陷。

（5）伴音清晰、饱满、圆润，无失真、噪声干扰、音量忽大忽小现象。解说声与现场声无明显比例失调，解说声与背景音乐无明显比例失调。

（五）输出格式

（1）视频压缩采用H.264/AVC（MPEG4 Part10）编码、使用二次编码、不包含字幕的MP4封装格式。

（2）视频分辨率采用高清16：9拍摄时，分辨率设定为1920像素×1080像素，视频帧率为30帧/秒，扫描方式采用逐行扫描。

（3）音频压缩采用AAC（MPEG4 Part3）格式，采样率48千赫兹，音频码流率为128千比特每秒以上。

（4）对于多个声道的素材，在制作时必须做混音处理。

三、课件制作

微课除了有视频演示以外，还应有必要的文本和面面介绍，让学生从多个角度学习体育知识和技能。这时就需要我们Office套件中的PPT组件或是WPS套件中的PPT组件来制作课件。

（一）文本编辑

1. 输入文本

在一张PPT里输入文本，可以通过两种最基本的方式实现，即插入文本框和艺术字。如果已经准备好微课使用的所有文本，需要分布到各幻灯片，可以使用更加快捷的方式。例如，将文本粘贴至幻灯片大纲视图的第一张PPT中，然后在需要分割的地方定位鼠标指针，按回车键，就会生成一张新的幻灯片。以此类推，可以将所有文本拆分到若干张PPT中。

2. 编辑文本

一般来说，在PPT的文本中需要强调一些关键词以引起观众的注意，通过改变文本的字号（放大）、字体（特殊）、颜色（突出）等三种方式都可以达到这种效果。建议文本的字号为36~48，这样能方便观众清晰辨认文本。

在白色背景下，文字用什么颜色比较突出呢？最为经典的是黑色，其次是蓝色，最后是红色。不过，红色不宜太多，不然观众会感觉刺眼。如果是黑色背景建议大家将文字设置为白色、黄色或橘黄色。

（二）图片编辑

关于图片的插入、大小、位置、旋转调整及裁剪等方法比较简单，这里就不多做阐述，在此仅对图片删除背景这一新增功能进行介绍。

单击有背景的图片，然后单击"删除背景"，在程序左上角出现图2-4-1所示的选项，同时，图片上显示要被删除的区域。接下来，只需要单击"保留更改"按钮即可。

图2-4-1　删除背景

如果图片比较复杂，那就需要借助"标记要保留的区域"和"标记要删除的区域"两个功能，分别用鼠标在相应区域画线，直到选区完全符合要求，再单击"保留更改"按扭。

另外，图片样式也可以通过适当调整，变得更具艺术性。双击图片，在格式菜单的图片样式框右下角单击"扩展"按钮，出现所有样式，单击选择其中之一即可。

（三）图文混排

图片和文字混排时，如何能达到和谐的效果呢？可以参考五个美化的原则。

1. 对齐原则

对齐指文本与文本、图片与图片、文本与图片的位置关系，可以选择左对齐、右对齐、左右居中以及顶端或低端对齐等。操作步骤是：用鼠标指针框选或者按键盘"Ctrl+A"组合键全选需要对齐的各种元素，然后选择图片工具的格式菜单，单击"对齐"按钮，在下拉菜单中选择需要的对齐方式。对齐后，画面会变得井然有序。

2. 黄金原则

图片如果不占满整个PPT页面，那最好处在上下或左右的黄金分割位置，以使其具有形式美感。

3. 平衡原则

平衡原则，即图片和文本在画面中的大小、色彩和位置等的关系要达成平衡，注意画面上下、左右以及边角的平衡。

4. 重组原则

图片和文字可以进行位置或者数量的重组，以达到耳目一新或者强调的效果。文字重组可以由多个文本框来完成，图片重组则需要借助光影魔术手、美图秀秀之类的图片处理软件来完成。

5. 留白原则

中国的国画或书法都讲究留白，以使作品更有意境，PPT的画面也是如此，不要撑得太满。

（四）动画设置

在微课的PPT中，建议尽量少用动画，切忌所有文字和图片都用动画。如果一定要用，也多选择"淡出"这种比较简单的动画。因为动画太多、太复杂，会对观众造成一定的干扰，从而影响观众对微课内容本身的关注。

在同一张幻灯片中，如果有多个对象都设置了动画，就要设置动画的播放顺序及中间间隔。有时，在动画菜单中单击"动画窗格"按钮，会出现"动画窗格"对话框，可以通过拖拽动画对象上下移动来改变播放顺序（图2-4-2）。

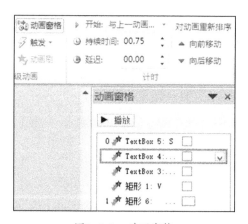

图2-4-2　动画窗格

另外，单击"开始"选项的下拉选框，会出现图2-4-3所示的三个选项。"单击时"是指播放时间由播放者自己控制，而"与上一动画同时"表示与前一个动画同时出现，"上一动画之后"则表示上一个动画播放完毕后再播放当前选中的动画。此时，延迟的时间就决定了上一动画播放完多久才播放当前动画。因此，最好选中"上一动画之后"，被观众看清楚了再播放当前动画，时间的长短取决于上一动画对象文本的多少或者图片的复杂程度，可以根据观众的大致阅读速度进行估算。

图2-4-3　开始选项

一般来说，成人正常的阅读速度是：1秒钟3～4个文字，1～3秒钟1张图片。如果观众是低年龄段的学生，停留的时间可以再适当加长。这样设置，不会使观众产生应接不暇的感觉，便于教师有条不紊地展示PPT的内容。

（五）切换设置

切换设置的原则与动画设置一样，尽量不用或者少用切换效果，即便要用，也选择"淡出"这类简单的方式。另外，还需设置每张幻灯片的持续时间。在"切换"菜单中勾选"计时"选项里的"设置自动换片时间"，如设置为3秒。时间长度设置要将PPT画面中所有文本和图片的阅读时间考虑进去。如果此处提出了一个问题，需要观众思考，那就增加一定时间，时长自定。

（六）生成视频

到这一步，就万事俱备，只欠东风了。单击"文件"菜单，选择"另存为"，在"保存类型"的下拉选列表框中选择视频格式。

如果保存后弹出"包含了**媒体，无法生成视频"之类的对话框，那么，极有可能是以下原因导致的：

（1）音频或者视频的格式有问题，可以通过QQ影音或者格式工厂等将之转换为Windows标准格式，如音频是wma格式，视频是wmv格式。

（2）使用PPT 2010打开了用PPT 2003或者PPT 2007创建的PPT，而该PPT中还包含了音频或者视频。此时，需要删除原来的音频或视频，将文件另存为"PowerPoint演示文稿"，即PPT2010默认的格式，扩展名为".pptx"。接下来，重新插入音频和视频就可以了。

四、视频剪辑

一个好的微课作品，拍摄和演示视频仅仅是完成了素材的收集，针对已经录制好的演示视频，和前期收集好的图片、音频素材，通常要使用剪辑软件进行视频的剪辑、分割、插入图片、插入字幕、插入注释等相关的编辑操作。这里选择专业视频剪辑软件——威力导演17来进行微课片段剪辑的方法演示。

（一）基本篇

1. 导入素材

在威力导演17中导入素材的方法非常简单，双击软件图标，会出现"时间线模式""情节图版模式""幻灯片创建器"三种模式，视频的剪辑主要用"时间线模式"。"时间线模式"可让我们根据运行时间查看整个项目。该模式适用于希望在特定时刻插入效果、字幕等的情况。"时间线模式"还提供所有轨道、媒体和时间线上所显示的其他内容（章节标记、字幕标记）的视图（图2-4-4、图2-4-5）。在引导页单击现在主流使用的16：9视频，单击"时间线模式"进入编辑界面。

图2-4-4　时间线模式界面

图2-4-5 导入媒体方式

左上角呈现的是媒体库，媒体库中会保留一些软件自带的图片和视频素材，我们可以删除这些素材。单击左上角"导入媒体文件"，从电脑中进入微课素材的保留路径，选择所有需要编辑的素材，单击"打开"，所有被选中的素材就会出现在媒体库中，我们在剪辑微课片段的过程中可以任意调用媒体库中的素材。

2. 插入素材

一般来说，微课如果只是单纯的PPT演示，是无法成为一节生动有趣的微课的。在体育微课中，微课包括PPT讲解知识点或者动作要点的部分，以及真实场景演示动作的部分。一节好的微课，多个片段、场景或者画面的切换是必不可少的。因此，我们就需要掌握在录制好的PPT演示视频中插入素材的方法。

按住鼠标左键拖动白色的时间块，移动到需要插入素材的时间点，单击"分割所选片段"按钮（图2-4-6），将视频从选择的时间点分开，此时播放预览视频，视频还是流畅的。我们可以在时间线上对已经分开的两个片段分别进行编辑，也可以在中间插入视频或者图片素材。

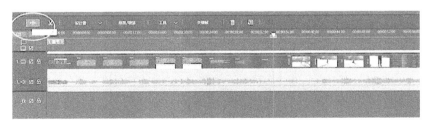

图2-4-6 分割所选片段

将需要插入的视频或图片拖到已经切割的时间点上，选择"插入并移动所有片段"（图2-4-7），该图片或视频就能插到被分割的视频中间，通过这样的操作就能在两段视频中间插入素材了。

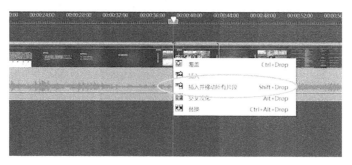

图2-4-7　插入并移动所有片段

3. 视频裁剪

在前期录制PPT的过程中，会有一些录制多余的部分，或者出现了讲解错误又重新讲解的情况，而最后呈现的微课片段应该是流畅完整的知识讲解部分，所以，我们需要掌握视频裁剪的方法。

下面的编辑界面包括多条视频轨道、音频轨道、效果轨道等。视频的裁剪需要用到视频轨道，将需要裁剪的视频点击左键拖入视频轨道，如果该视频片段存在音频，则会自动占据视频和对应的音频两个轨道。

单击预览界面左边的"播放"按钮，可以开始预览该视频片段（图2-4-8），在预览的过程中，可以先记下需要裁剪删除的片段时间点，方便裁剪的时候快速找到需要裁剪的地方（图2-4-9）。

图2-4-8　预览视频片段

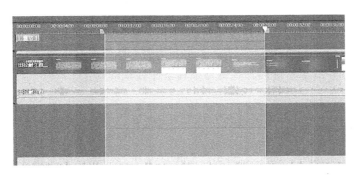

图2-4-9　选定预览区域

预览之后，可以按住鼠标左键拖动黄色的时间块，左边的黄色时间块移动到需要编辑的开始时间点，右边的黄色时间块移动到需要编辑的结束时间点。此时，可以单击预览界面左边的"播放"按钮，播出的预览画面就是我们选中的视频片段。若选取的视频还需调整，则用鼠标缓慢调整黄色的时间块。

如果觉得鼠标缓慢拖动时间块改变的范围过大或过小，还可以在更加精细的时间线的条件下进行编辑。在编辑页面的左下方有"+"和"–"两个按钮（图2-4-10）。"+"指的是放大时间线，使编辑的素材更加方便编辑时间点。"–"可以使我们更加清晰地看到编辑素材在时间线上呈现的全貌，方便我们拖动每个素材和每个素材之间的位置。

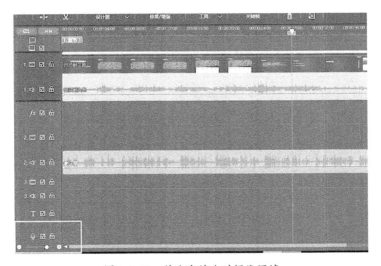

图2-4-10　放大和缩小时间线区域

选好了需要编辑的时间节点，我们可以对着黄色的区域右击，删除。我们可以选择保留视频删除后的空隙或移动后面所有片段将空出来的区域填满。这样，对需要裁剪的视频片段的裁剪工作就完成了。

（二）特效篇

1. 视频速度编辑

在体育微课中，有很多动作需要慢放来进行讲解，也有很多过程需要快进动作加快播放，使视频的重点更加突出。在PPT中，很难将改变一个视频的播放速度，需要用专业剪辑软件来改变视频片段播放的速度。

要想改变一个视频片段播放的速度，首先要在完整的视频中选择该片段（图2-4-11）。与前面在视频裁剪中讲到的视频选择方式一样，将想要改变速度的视频片段选中，并通过两次分割将该片段首尾与原视频分割。

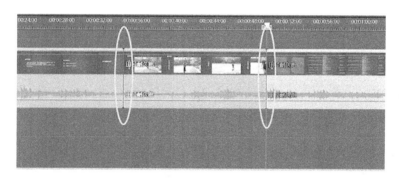

图2-4-11 选取编辑区域

右击该视频片段，选择"编辑视频"—"威力工具"—"视频速度"（图2-4-12），可以根据个人的需要，调节左边的倍速器。1.000倍是保持原来视频的播放速度；大于1.000是使原来视频的播放速度加快，缩短播放时间；小于1.000是使原来视频的播放速度减慢，延长播放时间。

图2-4-12 "视频速度"按钮

在设置好视频的倍速器之后，在倍速器的上方有一个新的视频持续时间，这个就是原来的视频片段被编辑之后播放所需要的时间。当然，我们也可以直接根据需要，在这个时间栏中直接输入设定的持续时间（图2-4-13）。

图2-4-13 设定持续时间

编辑好了视频片段的速度，我们可以直接单击"确认"按钮，这个已经被编辑的视频片段会在时间线上有两个橙色的感叹号标注（图2-4-14），代表该片段的视频速度和音频速度都被编辑过。

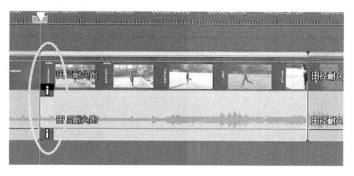

图2-4-14　视频速度修改标注

如果需要将视频画面静止来进行讲解，我们是不能通过改变视频倍速器的方式进行编辑的。我们需要通过"停帧"的功能实现视频停止的功能。

视频静止不动，相当于在画面静止不动的这个时间段内，我们播放的内容是一个图片，这样就实现了画面静止不动的效果。而"停帧"效果也是根据的这个原理实现的。按住鼠标左键拖到白色的时间块到需要"停帧"的时间节点。右击视频，在弹出的快捷菜单中选择"编辑视频"—"停帧"（图2-4-15），该功能能够自动根据停帧的时间点，生成该时间点的图片，并且

图2-4-15　"停帧"按钮

自动将图片插到原视频中。我们能够通过改变该图片在时间线上的长短，从而调整视频画面静止的时间。

2. 添加说明字幕

在微课中，很多时候需要用到说明字幕对讲课的内容进行着重解释、说明，这个时候，我们要掌握添加说明字幕的方法。在威力导演17中，有一个标题室可以用来添加说明字幕（图2-4-16）。

图2-4-16 "标题室"按钮

与添加视频到时间线中的方法一样，我们既可以把说明字幕添加到视频轨道上，也可以将说明字幕直接添加到标题轨道上：将选择好的说明字幕样式添加到时间线中，选择好该字幕的首尾时间点，完成说明字幕的添加。

右击添加好说明字幕的时间线轨道，在弹出的快捷菜单中选择相关选项，编辑标题。我们可以在标题编辑器里面编辑该说明字幕的字体样式和字幕出现的时间。编辑好了之后单击"完成"。这样，一个说明字幕就添加完成了。

3. 添加美化效果

对一个微课片段的美化主要体现在转场的效果以及部分片段的炫粒中，好的转场效果和炫粒效果能够给微课加分（图2-4-17）。

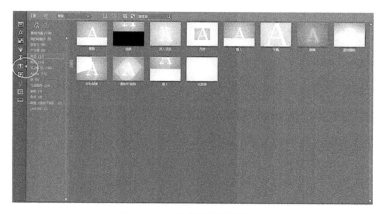

图2-4-17 "转场效果"按钮

转场一般用于画面和画面过渡或者切换的时候，效果相当于PPT中的翻面。在威力导演17中，转场效果由一个专门的转场室来设置。我们可以将鼠标移动到每一个效果选项上来预览转场的效果。在效果预览中，A指的是转场之前的视频片段，B指的是转场之后的视频片段。我们可以根据画面和场景的需要自行选择转场的效果。

转场只能插到视频轨道中，并且只能加在视频片段的首部或者尾部。转场效果有两种添加方式（图2-4-20）：一个是重叠，一个是交叠。重叠是在转场的同时播放两个转场连接的视频，这样会导致视频的总时间线减少。为了防止除了该视频轨道以外其他素材错位的情况出现，我们一般不采用重叠方式，而是采用交叠的方式。

右击已经插入的转场效果，在弹出的快捷菜单中选择"修改转场"，进入转场设置，会出现"重叠"和"交叠"两种转场的添加方式。我们选择"交叠"，这样就不会因为添加转场效果而改变时间线，使整个编辑中素材的时间点发生错位（图2-4-18）。在转场设置中，我们还可以进一步设置该转场效果持续的时间。

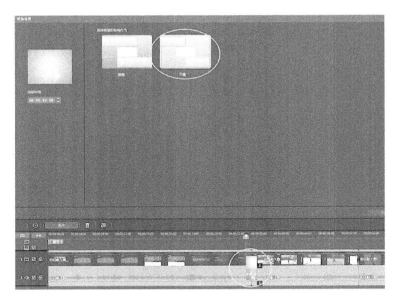

图2-4-18 转场效果设置

对于微课中的部分场景，我们需要添加炫粒效果来增加微课的表现力。炫粒效果在威力导演17中也有专门的炫粒室来进行编辑（图2-4-19）。

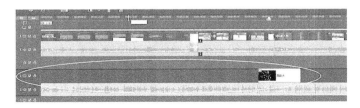

图2-4-19 "炫粒效果"按钮

进入炫粒室，选择一种炫粒效果，然后拖动到专门的炫粒轨道上，调整炫粒在时间线上的首尾位置，设置开始播放炫粒的时间。然后右击炫粒，在弹出的快捷菜单 中选择"编辑炫粒"，在炫粒设计器（图2-4-20）中，我们可以从炫粒的发射方式、炫粒样式、参数、颜色、淡化效果等方面对炫粒进行设置，从而使添加的炫粒效果更加贴合微课的场景。

图2-4-20　炫粒设计器页面

五、配音合成

精美的课件和演示的画面能够使观看者有更好的视觉体验。而教师的解说则是教学的引导线，带领学生层层深入。和常规课程一样，教师的语音必须清晰洪亮，使观看微课的人听得明白。

1. 注意事项

（1）保持环境的安静，尽可能减少外界环境声音的干扰，将手机和电脑上容易有信息提醒声音的软件关闭或者静音，有条件的可以选择带有隔音板的房间或者录音棚。

（2）不要使用话筒距离嘴很近的耳麦录音，距离嘴近容易产生喷麦的现象，使录制的声音出现爆破音，影响声音录制效果。最好选择加防尘罩的电容式麦克风录制声音。

（3）配音gng上课备课是一样的，在配音之前需要设计好每一句台词，最好将台词打印出来拿在手中，以半脱稿的状态完成配音，同时需要注意纸张的轻拿轻放，以免在配音中出现纸张翻动的声音。

（4）在进行解说录制的过程中需要视频同步播放，如果有点击鼠标的动作，要换成键盘控制，避免将点击鼠标的"哒哒"声录入配音。

2. 录制形式

推荐采用先彩排后补录音的彩排录制方式。先彩排就是在PPT演示录屏的时候，就按照正常的配音语速以及画面切换彩排录制一遍，这样录制好的片段在画面的切换节点上与后期配音的速度不会有太大误差。然后，可以在威力导演17中对有声音的视频进行消音处理，视频轨道的下面是对应视频原来声音的音频轨道，我们可以对该音频轨道进行全部消音处理或者保留部分片段的音频。

3. 录制方法

在威力导演17软件中，每个新的项目都有一个录音轨道，单击左边的"配音录制室"（图2-4-21），进入录音前的设置环节，根据电脑的配置选择合适的音频设备，并且调整输入的声音大小。

图2-4-21 "配音录制室"按钮

单击"录制"，尝试说一段话，然后单击"结束"。预览录音的效果，根据预览的效果调整音频的设置参数。将预览的效果不佳录音删除，重新录，直到录音效果符合微课的标准，再进行正式录音，并结合前面提到的注意事项，完成录制。

4. 导出视频

当完成了以上对微课片段的剪辑和录音的工作之后，我们可以先将视频编辑项目另存，导出PDS文件，方便后面编辑的时候进行素材的更改。然后，我们就可以单击中间上方的"制作"按钮，选择所需的文件格式和配置的文件类型，选择保存文件夹的位置，单击"开始"导出视频。导出生成视频的过程会出现进度条，当进度条达到100%的时候，则视频生成完成。

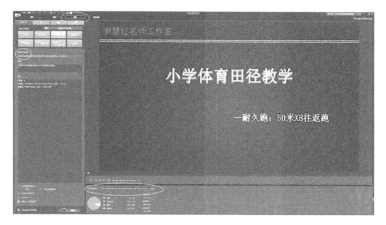

图2-4-22　设置文件导出目录

六、审核修改

微课制作完成后，应仔细检查，保证内容的科学性、严谨性。也可以在实验班级先试用，收集教师和学生的意见，再加以修改。

第三章

五年级体育微课设计案例

03

第一节 体操类

左（右）转弯走微课案例

课题	左（右）转弯走
教材分析	队列与队形是体操类活动的主要内容之一，是学生培养正确的身体姿态，形成集体意识和行为，强化组织纪律性的重要形式和手段。队列与队形练习不仅能让学生体验与集体共同完成同一动作，逐步形成正确的身体姿态和良好的行为习惯，而且能让学生在学练过程中提高注意力、观察力、自制力和动作思维能力，增强集体观念、合作意识，养成遵守纪律、有序参与各项体育活动等良好行为
动作方法	1.静止时，听到动令后，排头内侧学生边踏步边改变方向，即踏两步转至90度；外侧学生以内侧学生为基准行进两步转至90度后，与相邻学生对齐继续行进；其余学生依次行进到排头转弯处用同样方法行进。 2.行进间，听到动令后，排头内外侧学生在行进中采用上述方法转至90度后继续行进。可采用以左（右）翼排头为基准，内翼用小步，外翼用大步成直角扇形转弯行进。其余学生以此方法行进
教学目标	1.使学生了解学习队列与队形动作的必要性和重要意义，并能积极参加活动，学会简单的队列与队形动作，能较准确地掌握动作方法和要求，提高动作的正确性；通过队列与队形的学练，培养学生走步的正确身体姿势，并使学生保持良好的身体姿态。 2.通过学练，提高学生协调性、灵敏性和节奏感。 3.培养学生听从指挥、服从命令的组织性和纪律性，以及良好的集体意识和协同动作的能力
教学重难点	教学重点：二路纵队成90度角转弯，内外侧学生对齐行进。 教学难点：跟进学生须经排头转弯处转弯行进

学前准备	热身活动	场地 田径场
		器材 8台平板电脑、1台音响
		1.慢跑。 2.热身操。 （1）头部运动。 （2）扩胸运动。 （3）俯背转体运动。 （4）正弓步运动。 （5）膝关节运动。 （6）手腕脚踝运动
基本部分		1.教师引导学生观看微课，学习动作技术要领。 2.教师可在场地上标注转弯直角标志线，让学生沿规定路线体验直角转弯动作。 3.二路纵队行进时，可采用外侧学生用左手拿棍、内侧学生用右手拿棍的方法，让学生体验直角转弯动作。到转弯处，内侧学生踏步成小步幅走，外侧学生则以左侧学生为基准，迈大步90度转弯行进。 4.在二路纵队转弯行进时，内侧学生在转弯点踏步四拍，外侧学生则以不同幅度的四拍步伐完成90度转弯，之后继续齐步向前；运用两人组合做扇形转动的练习，让学生深入体验转动标齐。 5.游戏：比比看哪一组走得快。玩法：将学生分为四组，每组10人。在每组前面画一条直线，在直线两侧标上向左、向右两个箭头。听教师的口令，学生开始比赛，率先走完的一组获胜。 6.教师总结与评价
结束部分		1.拉伸练习。 要求：听音乐，跟随教师进行肩部、臂部、腰部、腿部的肌肉拉伸。 2.小结本节课完成情况
保护与帮助建议		预计：运动量不够。 处理：设置游戏进行比赛
评价标准		甲：能掌握队列练习的方法，并能正确完成内容，保持队列整齐、身体姿势正确。 乙：能掌握队列练习的方法，并能正确完成内容，保持队列整齐。 丙：能掌握队列练习的方法，并能正确完成内容。 丁：无法完成动作

向后转走微课案例

课题	向后转走	
教材分析	队列与队形是体操类活动的主要内容之一，是学生培养正确的身体姿态，形成集体意识和行为，强化组织纪律性的重要形式和手段。队列与队形练习不仅能让学生体验与集体共同完成同一动作，逐步形成正确的身体姿态和良好的行为习惯，而且能让学生在学练过程中提高注意力、观察力、自制力和动作思维能力，增强集体观念、合作意识，养成遵守纪律、有序参与各项体育活动等良好行为	
动作方法	预令和动令都落在右脚上。当听到动令后，左脚向前迈半步，脚尖向右约45度，以两脚掌为轴，身体向右转体180度，脚不转动，接着迈踢左脚，向新方向行进。转体时，两臂配合两腿协调摆动	
教学目标	1.使学生了解学习队列与队形动作的必要性和重要意义，并能积极参加活动；学会简单的队列与队形动作，能较准确地掌握动作方法和要求，提高动作的正确性；通过队列与队形的学练，培养学生走步的正确身体姿势。 2.通过学练，提高学生协调性、灵敏性和节奏感。 3.培养学生听从指挥、服从命令的组织性和纪律性，以及良好的集体意识和协同动作的能力	
教学重难点	教学重点：预令和动令的时机和节奏，整体动作的节奏。 教学难点：脚尖和身体转动的角度，摆臂与下肢动作的配合	
学前准备	场地	田径场
	器材	8台平板电脑、1台音响
	热身活动	1.慢跑。 2.热身操。 （1）头部运动。 （2）扩胸运动。 （3）俯背转体运动。 （4）正弓步运动。 （5）膝关节运动。 （6）手腕脚踝运动

基本 部分	1.观看微课学习动作技术要领。 （1）教师讲解示范。 （2）练习方法：学生集体练习。 （3）注意事项：①教学时，应把动作要领讲清楚，示范要正确，可将动作分解教学。②口令要准确，力求做到规范清楚、声音洪亮。③口令"向后转——走！"，预令、动令都落在右脚上。分解练习时，可采用听动令后数"一"上步，左脚迈出半步，脚尖向右45°，"二"转体，身体立直，向右转体180°；左脚向新的方向迈出。④完整练习时，可先踏步练习，体会动作要领。⑤在学生初步掌握向后转走的方法后，启发学生按照动作顺序，通过自己思考，进行行进练习。 2.迎面接力跑。 （1）方法：接棒人站在起跑线后，右手前伸准备接棒。传棒人以右手将棒竖起，传给接棒人。接棒人握棒后，迅速跑向对面。 （2）组织教学：在场地上画两条相距25米的平行线做起跑线，学生分成四组进行，成纵队相对站立在两端的起跑线后。 （3）要求：①传棒时不准抛，传棒掉落时由传棒人拾起继续进行。②严格遵守纪律，遵守规则
结束 部分	拉伸练习 要求：听音乐，跟随教师进行肩部、臂部、腰部、腿部的肌肉拉伸
保护与 帮助 建议	1.教学时应把动作要领讲清楚，示范要正确，可将动作分解教学。 2.口令要准确，力求做到规范清楚、声音洪亮
评价 标准	甲：能掌握队列练习的方法，并能正确完成内容，保持队列整齐、身体姿势正确。 乙：能掌握队列练习的方法，并能正确完成内容，保持队列整齐。 丙：能掌握队列练习的方法，并能正确完成内容。 丁：无法完成动作

分、合、裂、并队形微课案例

课题	分、合、裂、并队形	
教材分析	队列与队形是体操类教材的主要内容之一，分、合、裂、并是队列与队形的重要内容。分、合、裂、并队是体操队形由以往的横向疏散变为纵向疏散的新形式，这种疏散方式新颖、有趣但难度较大，该练习可以培养学生动作的节奏感，提高学生的注意力和思维的分化能力。"行进间用裂、并、分、合的方法变换队形"是在三、四年级错肩走、交叉行进的基础上进行的，通过该练习能够培养学生的注意力、观察力和判断力以及朝气蓬勃的精神	
动作方法	1.裂队与分队走时，排头听到动令后，向新的方向转体90度，并以适宜（稍慢）的速度继续行进；其他学生依次行进到排头的位置按排头转动的方法转向新的方向行进；待排尾转向新的方向后，排头按正常速度行进。 要求：转弯时机符合要求。 2.并队与合队走时，排头听到动令后，向新的方向转体90度，并以适宜（稍快）的速度变队行进；其他学生依次行进到排头的位置按排头变队的方法变队行进；待排尾转向新的方向后，排头按正常速度行进	
教学目标	1.通过教学，使学生理解裂、并、分、合的队形概念、方法和特征，发展学生的目测、判断能力和位置感以及集体动作协调一致的能力，帮助学生提高队列直线行进的水平，培养学生走(跑)步正确的身体姿势。 2.通过学练，提高学生协调性、灵敏性和节奏感。 3.培养学生听从指挥、服从命令的组织性和纪律性，以及良好的集体意识和协同动作的能力	
教学重难点	教学重点：预令和动令的时机分节奏，整体动作的节奏。 教学难点：脚尖和身体转动的角度，摆臂与下肢动作的配合	
学前准备	场地	田径场
	器材	8台个平板电脑、1台音响

热身 活动	1.慢跑。 2.热身操。 （1）头部运动。 （2）扩胸运动。 （3）俯背转体运动。 （4）正弓步运动。 （5）膝关节运动。 （6）手腕脚踝运动	
基本 部分	1.观看微课学习动作技术要领。 动作一，分队走：全队先"1，2"报数。一路纵队行进，听到"左右转弯分队——走！"的口令后，单数的学生左转弯走，双数的学生右转弯走，分成方向相反的两个一路纵队行进。 要求：到位转弯，队形变换自然。 动作二，合队走：迎面行进的一（二）路纵队接近相遇时，听到"左右转弯合队——走！"的口令后，左路学生左转弯走，右路学生右转弯走，右路学生依次插在左路后面，成一路纵队前进。 要求：步幅均匀，步伐整齐。 动作三，裂队走：二（四）路纵队行进听到"左右转弯裂队——走！"的口令后，左边的一（二）路左转弯走，右边的一（二）路右转弯走，分成方向相反的两个一（二）路纵队行进。 要求：直角转弯，运用自如。 动作四，并队走：在二（四）路纵队接近迎面相遇时，听到"左右转弯并队——走！"的口令后，左路学生左转弯走，右路学生右转弯走，成并列纵队行进。 要求：保持直线，平行前进。 2.教师总结与评价	
结束 部分	拉伸练习 要求：听音乐，跟随教师进行肩部、臂部、腰部、腿部的肌肉拉伸	
保护 与帮 助建议	1.转弯时不到位（提前转弯或曲线转弯）。 纠正方法： （1）语言提示。及时提示排头以后的学生要在排头转弯的位置直角转弯。 （2）画标志线或放标志物练习，让学生多尝试和体验转弯时的动作感觉。 2.分（裂）队后，两队同向行进时排头不平行。 纠正方法： （1）及时提示。排头在行进时用余光观察情况，并及时调控位置、速度；教师用语言或手势提示排头学生动作慢些、步幅小些或大些。	

续　表

	（2）在画标志线（点）的场地练习，强化学生的位置感。先到转弯处的排头自动踏步，听到转弯的动令后再转动
评价标准	甲：能掌握队列练习的方法，并能正确完成内容，保持队列整齐、身体姿势正确。 乙：能掌握队列练习的方法，并能正确完成内容，保持队列整齐。 丙：能掌握队列练习的方法，并能正确完成内容。 丁：无法完成动作

第二节　技巧类

技巧类大单元计划

单元主题	技巧类
单元概述	技巧类运动是五年级体育与健康教材必学内容。技巧类运动是通过徒手、持轻器械和在器械上完成各种类型不同难度的单个运动和成套动作的运动，该类动动能充分表现人的控制能力，并且具有一定的艺术性。技巧类运动具有基础性、实用性、多样性等特点，根据小学生身心发展特点，进一步激发学生体操技巧学习兴趣，使学生通过技巧类运动学习，掌握基本技术、运用基本技能、提高体操技巧运动能力；教学过程中注重培养学生的意志品质，完善过程性学习要求，促进学生心理素质、健康行为和体育品德的发展。学生在学习过程中，通过"学、练、赛"等方式，体验技巧类运动学习的快乐、掌握技能、养成良好行为习惯、锤炼意志品质
单元目标	1.通过技巧类运动的教学，使学生了解并熟练掌握本单元所学技巧类运动的比赛规则，基本动作、组合动作技术和完整动作及相应练习（保护与帮助）的方法，了解学习技巧类运动项目的必要性和重要意义。 2.通过学练，增强学生肌肉力量及关节、韧带的柔韧性，发展学生身体协调性、灵敏性和平衡能力。 3.使在学练中表现出较强的自信心，敢于充分展示自我，能够认真保护与帮助同伴完成练习，具有强烈的安全意识
单元重难点	重点：单个动作稳定，组合动作连贯协调。 难点：动作衔接连贯、稳定，身体姿态优美

学习内容	技巧：前滚翻—跳起转体180度成蹲立(单腿前滑成纵叉)—前滚翻成并腿坐（后腿前摆成并腿坐）—肩肘倒立
教材分析	该类运动也叫"垫上运动"，其特点是身体做出滚动、转体跳跃、伸展、倒置等多个技巧串联而成的运动组合。根据学生的身心特点、认知水平和体能水平发展的需要，对该类运动的教学在学生以往学习过的内容的基础上发展、组合和提高，对于培养学生自立自强、勇敢坚毅、不怕挫折、自尊自信等优良品质具有独特的价值。在教学中，合理地安排和组织学生进行技巧类运动学习，有利于学生增强身体控制能力，锻炼肌肉力量和肌肉耐力，进一步提高动作的准确性、方位意识、时空概念，从而有利于达成课堂教学目标，提高教学质量
动作方法	后滚翻成蹲撑后起立（前滚翻起立），跳起转体180度成蹲立（一脚前滑，两腿分开成纵叉，以大腿着地，脚面绷直，两手于体侧扶地），接前滚翻成并腿坐（后腿经体侧前摆成并腿坐），上体前屈，两手触脚面，迅速后倒成肩肘倒立
学习目标	1.了解滚翻与身体平衡的相关知识，学习技巧串联动作，基本掌握前、后滚翻，跳起转体180度成蹲立，纵叉，肩肘倒立的动作要领，提高身体控制能力，强化练习中保护与帮助的方法和意识。 2.通过多种相关学练方式，增强上下肢力量，发展身体空间位置感，提升学生灵敏和协调素质。 3.培养勇敢果断、乐于展示自我的良好品质；积极参与，能友好地与同伴相互协作完成学练活动；能客观评价自己和他人的动作
重难点	团身紧、滚动圆滑；跳起转体保持身体平衡（大腿着地、脚面绷直）；两手撑腰、支撑稳定，衔接流畅、优美
评价标准	甲：整套动作质量好，成直线，动作连贯、稳定性高，节奏感强，姿态优美，体操意识贯穿始终。 乙：能完成整套动作组合，单个动作较熟练，衔接连贯，姿态较好。 丙：能完成整套动作组合，单个动作不够规范，衔接节奏感稍差，姿态不够优美

肩肘倒立微课单元计划

学习内容	肩肘倒立
教材分析	肩肘倒立是小学五年级垫上技巧动作，利用头、颈、肩、双臂做支撑的倒立，形成以头颈、双肩、双肘为支撑点的三角形，既增强了肌肉、关节、韧带的力量，又促进了内脏器官的血液循环。小学五年级的学生身体正处在迅速发育的时期，他们的直观思维能力较强，具有活泼好动、喜欢比赛、喜欢做各种游戏的特点。这项运动可以发展学生协调、力量、灵敏、柔韧等身体素质，也可以培养学生勇敢顽强、坚韧不拔的意志品质，互学互评、互相帮助的学习意识，以及团结协作的精神
动作方法	两腿伸直并腿坐，上体前屈，胸部靠近大腿，两手触脚面，接着后倒，收腹举腿压臂。当脚尖至头上方时，两臂在体侧用力下压，向上伸腿展髋，同时两臂屈肘，两手撑于腰背的两侧（肘内夹），成肘、头和肩支撑的倒立姿势
学习目标	1.通过肩肘倒立学练活动，让学生初步掌握肩肘倒立动作的基本技术和相应的练习（保护与帮助）方法，能独立参与体能练习并达到相应年级《国家学生体质健康标准（2014年修订）》的合格水平，同时了解学习技巧类运动项目的必要性和重要意义。 2.通过学练，增强肌肉力量及关节、韧带的柔韧性，发展身体协调性、灵敏性和平衡能力。 3.在学练中表现出较强的自信心，敢于充分展示自我，能够认真保护与帮助同伴完成练习，具有强烈的安全意识
重难点	重点：两手撑腰，支撑稳定。 难点：伸髋立腰，脚面绷直

课时安排	学习内容	学习目标	基本实施过程	基础作业	评价标准
第1课	初步掌握直角坐前屈后、滚动后倒、两臂压垫、翻臀两脚尖触地动作。重点：滚动后倒、两臂压垫、翻臀、举腿至头上。要求：动作协调连贯	1.初步掌握直角坐前屈、滚动后倒、两臂压垫、翻臀、举腿至头上动作及其练习方法。2.通过学练，提高柔韧性、协调性。3.能正确评价同伴动作，培养坚强的意志和克服困难的精神	1.教师引导学生进行各种柔韧性练习（体前屈，上体贴靠两大腿，两手抱小腿）。2.教师讲解动作要领和保护的方法，并示范。3.教师引导学生一人练习一人保护进行团身、后滚、双脚过头触垫动作；然后做双手叉腰，两肘内收平行支撑，立腰伸腿成肩肘倒立。4.学生相互交流、评价	坐位体前屈：10次/组，做2组，间歇30秒。方法：绷脚尖直膝并腿坐，上体前屈，胸靠近大腿，两手触脚面计一次	甲：知道技巧类运动对提高身体素质的作用、安全练习及保护与帮助方法；独立完成完整动作，肩和双肘三点支撑身体稳定能保持三秒，做到伸髋立腰、两腿并拢、脚面绷直
第2课	初步掌握压臂、举腿、提臀、夹肘（屈腿肩肘倒立）的动作要领。重点：两手迅速撑于腰背两侧，使肩、肘、头三个部位着垫支撑，充分挺髋。要求：控制身体平衡，在辅助下完成	1.在辅助下初步完成肩、肘、头三个部位着垫支持，挺髋充分动作及帮助方法。2.发展学生肌肉力量和柔韧素质。3.互学、互评、互助，提高练习质量	1.教师引导学生进行各种柔韧性练习。（体前屈：上体贴靠近大腿，两手抱小腿）2.教师讲解动作要领和保护的方法（示范）。3.教师组织学生一人练习一人保护。练习者仰卧，两臂压垫，两腿举起后伸，脚过头触垫，然后做肩肘倒立动作的练习。4.鼓励学生自荐展示，并评价	直臂压垫挺髋：15次/组，做2组，间歇30秒。方法：仰卧，屈膝，双手掌心向下，置于身体两侧，用力压垫，使上体离开垫面，同时向上挺髋计一次	

课时安排	学习内容	学习目标	基本实施过程	基础作业	评价标准
第3课时	进一步掌握肩肘倒立完整动作。 教学重点：双腿、脚上伸，脚面绷直。 教学要求：双手撑腰，伸髋立腰	1.进一步掌握双手撑腰和仰卧双腿、脚尖上伸动作及练习方法。 2.提高学生灵敏、柔韧素质，增强身体自控能力。 3.培养学生克服困难，互学、互助、互评的素养，提升学生动作质量	1.教师引导学生进行各种柔韧性练习。（体前屈：上体贴靠两大腿，两手抱小腿）。 2.教师讲解动作要领和保护的方法，并示范。 3.两人一组，一人练习一人保护。 4.独立完整的动作练习。 5.4人一组，肩肘倒立后，脚尖上伸，触及上方高绳。 6.比一比谁的动作最优美	波比跳：15个/组，做3组，间歇40秒。 方法：蹲姿开始，双脚向后跳成俯撑，然后双脚跳回成蹲姿，向上跳起成直体，头顶拍手计1次	乙：知道技巧类运动对发展身体素质的影响、安全练习及保护与帮助方法；独立完成完整动作，肩和双肘三点支撑身体稳定能保持三秒。
第4课时	完善和提高肩肘倒立完整动作。 教学重点：两手撑腰，支撑稳定。 教学要求：伸髋立腰，支撑稳定	1.完善和提高肩肘倒立完整动作质量及保护与帮助方法。 2.发展学生力量、柔韧、灵敏等素质，提高学生身体自控能力。 3.提升学生自信果敢的体育运动精神，培养学生互信、互助的品质	1.教师引导学生进行各种柔韧性练习。（体前屈：上体贴靠两大腿，两手抱小腿） 2.教师讲解动作要领和保护的方法，并示范。 3.两人一组，一人练习一人保护。 4.独立完成完整的动作练习。 5.完成质量（配合）最优秀小组展示	支撑向上跳：15个/组，做3组，间歇40秒。 方法：双手支撑高度适宜稳固的桌子向上跳起计一次	丙：知道技巧类运动对发展身体素质的影响、安全练习及保护与帮助方法；能独立完成完整动作，姿势基本正确

课时安排	学习内容	学习目标	基本实施过程	基础作业	评价标准
第5课	考核：肩肘倒立。 考核方法：参照标准能熟练、连贯地完成	1.进一步完善肩肘倒立动作及其练习方法。 2.发展学生腰腹力量和身体协调、平衡能力。 3.培养学生勇敢自信和责任的意识	1.教师引导学生进行练习。 2宣布考核标准及要求。 3.分组进行考核。 4.向学生反馈考核成绩	原地膝下击掌跳： 15个/组，做3组，间歇40秒。 方法：两腿交替起跳提膝，两臂由侧举在膝下击掌。 左，右交替，计一次	

肩肘倒立微课案例

课题	肩肘倒立
教材分析	直角坐前屈、滚动后倒、两臂压垫、翻臀两脚尖触地动作及练习方法是五年级学生必学内容，是在以前各种滚翻基础上进行的静力性为主的内容，有助于学生形成组合动作的概念，增强腰腹力量，发展平衡、协调、柔韧等身体素质，提高空间的感知能力和自控能力
动作方法	直角坐前屈，向后滚动后倒，同时两臂压垫、举腿、翻臀使两脚尖过头上方触地
教学目标	1.让学生初步掌握直角坐前屈，滚动后倒，两脚尖触地动作及其练习方法。 2.通过学练，提高学生柔韧性、协调性。 3.教会学生正确评价同伴动作，培养学习坚强意志和克服困难的精神
教学重难点	重点：直角坐前屈、滚动后倒、两脚尖头上方触地。 难点：动作协调连贯

续　表

学前 准备	场地	室内体育馆
	器材	体操垫41床、平板电脑8台、音响1台
	热身 活动	1.热身操：舞狮。 要求：动作标准、热身充分。 2.游泳体能操。 要求：动作舒展，节奏清晰
基本部分		1.教师引导学生进行各种柔韧性练习（体前屈，上体贴靠两大腿，两手抱小腿）。 提示：膝直、绷脚背。 2.（微课学习）讲解动作要领和保护的方法。 3.（分组微课学习）一人练习一人保护进行团身、后滚动，双脚过头触垫的练习。 提示：手臂协助压垫，翻臀、举腿。 4.尝试双手叉腰，两肘内收平行支撑，立腰伸腿成肩肘倒立的练习。 5.学生相互交流、评价
结束部分		拉伸练习。 要求：听音乐，跟随教师进行肩部、臂部、腰部、腿部的肌肉拉伸
保护与 帮助建议		1.提示学生练习中保持安全距离。 2.游戏中要求学生遵守游戏规则
评价标准		甲：知道技巧类运动对发展身体素质的影响、安全练习及保护与帮助的方法；独立完成完整动作，肩和双肘三点支撑身体稳定能保持三秒，做到伸髋立腰、两腿并拢、脚面绷直。 乙：知道技巧类运动对发展身体素质的影响、安全练习及保护与帮助的方法；独立完成完整动作，肩和双肘三点支撑身体稳定能保持三秒。 丙：知道技巧类运动对发展身体素质的影响、安全练习及保护与帮助的方法；能独立完成完整动作，姿势基本正确

第三节　田径类

田径类大单元计划

单元主题	田径类
单元概述	田径类运动包含走、跑、跳、投掷等运动项目，其特点是以个人为主，独立完成速度、高度或远度等运动。根据五年级学生的身心特点、认知水平和体能水平发展的需要，在以往学习过内容的基础上发展、掌握和提高，培养学生勇于进取、坚韧不拔、挑战自我的体育精神。在教学中合理地安排和组织学生进行不同田径类运动项目的学习，有利于发展学生的心肺耐力、肌肉力量、肌肉耐力、位移速度，进一步提高学生的反应能力、注意力，从而有利于达成课堂教学目标，提高教学质量
单元目标	1.通过田径类运动的教学，使学生了解并熟练掌握本单元所学跑、跳、投掷运动项目的比赛规则，基本动作、组合动作技术和完整动作及其相应练习方法；能独立参与体能练习并达到相应年级《国家学生体质健康标准（2014年修订）》的合格水平，同时了解学习田径类运动项目的必要性和重要意义。 2.通过学练，发展学生上下肢、腰腹力量及心肺功能，提高学生的协调性、灵敏性和耐力素质。 3.让学生在学练中充分展示自我，增强自信和克服困难的勇气，提高规则意识，培养互相帮助、配合的良好品质
单元重难点	重点：耐久跑——体力分配合理；快速跑——步频与步长的关系，冲刺跑的技术；跨越式跳高——起跳与两腿依次过杆，动作连贯；蹲踞式跳跃——助跑有力、节奏合理，起跳后能向前上腾起，动作连贯；双手头后向前投掷实心球——挥臂快速，出手角度正确

单元重难点	难点：耐久跑——节奏与呼吸的稳定；快速跑——下肢后蹬充分与前抬到位，冲刺时上体下压技术；跨越式跳高——助跑与起跳的衔接；蹲踞式跳跃——起跳腿快速有力向上跳起蹬伸、摆动腿膝关节上提，上下肢协调配合；双手头后向前投掷实心球——快速挥臂、甩腕，动作连贯
学习内容	跑（50米×8往返跑、50米快速跑）、跳（跨越式跳高、蹲踞式跳远）、投掷（双手头后向前投掷实心球）
教材分析	五年级田径类运动教材在四年级同类教材的基础上进行了发展、变化和重新组合。教材内容和形式具有多样性、趣味性、竞争性和实用性等特点。学生在学习时不仅能掌握奔跑、跳跃、投掷的正确动作方法，发展心肺耐力、肌肉力量、肌肉耐力、位移速度，提高反应能力、注意力，还能培养吃苦耐劳、勇于进取、挑战自我等优良品质。田径类运动中中长跑项目主要发展学生耐久力，增强学生心肺功能；跳跃项目主要发展学生弹跳力、身体控制能力和灵敏性，增加跳跃的远度和高度；投掷项目主要发展学生肌肉力量和爆发力，增加学生投掷（双手头后向前投掷实心球）的远度。这些有利于达成课堂教学目标，提高教学质量
动作方法	50米快速跑：采用站立式起跑，起跑后加速进入途中跑；途中跑时，上体正直或稍向前倾，摆动腿前摆积极，后蹬腿后蹬充分、有力，大、小腿自然折叠，前脚掌着地，两臂屈肘前后自然、协调摆动，用最快的速度冲过终点。 50米×8往返跑：采用站立式起跑，途中跑技术和快速跑基本相同，只是蹬、摆的动作幅度稍小，频率稍慢，更注重动作上减少体力的消耗。动作轻快、放松、自然，身体重心较高、平稳；呼吸自然而有节奏，一般可按步伐的节奏，跑两三步吸一口气，再跑两三步呼一口气；跑步速度和体力分配合理，尽可能用较快的速度冲过终点线。 跨越式跳高：侧面助跑，助跑方向与横杆的夹角为30～60度。左（右）脚是有力脚（踏跳腿），从右（左）侧助跑。助跑距离4～5米。助跑速度逐渐加快，助跑最后一步要大些。在距离横杆投影三四脚的地方用有力脚踏跳。踏跳腿稍屈膝，先以脚跟着地，过渡到全脚掌，再以前脚掌迅速蹬地，同时摆动腿向前上方摆起，两臂随之上摆。上体前倾使大腿靠近胸部，当摆动腿摆至横杆上时，即稍内旋。踏跳腿完成踏跳动作后，迅速弹性屈膝，缓冲平衡。 蹲踞式跳远：助跑动作自然、轻松、逐渐加速，最后几步速度最快，最后一步步幅稍小。最后一步以脚跟先着地并快速过渡到全脚掌蹬地起跳，同时摆动腿和两臂快速向前上方摆起，并在达到水平位置时制动，眼看前上方；身体等离地面后成"腾空步"，腾至最高点，起跳腿屈膝收起与摆动腿并拢，成蹲踞姿势；落地时，两小腿向前伸出，同时两臂后摆，脚跟接触沙地后，立刻屈膝缓冲，向前走出沙坑。

	双手头后向前投掷实心球：两脚前后开立，两臂屈肘，两手持球于头上，上体稍后仰；向前掷球时两腿用力蹬地，收腹、甩臂，将球从头后向前上方抛出
学习目标	1.了解田径类运动的相关知识。学习跑（50米×8往返跑、50米快速跑）、跳（跨越式跳高、蹲踞式跳远）、投掷（双手头后向前投掷实心球）动作。基本掌握耐久跑——合理分配体力；快速跑——步频与步长的关系，冲刺跑的技术；跨越式跳高——起跳与两腿依次过杆，动作连贯；蹲踞式跳跃——助跑有力、节奏合理，起跳后能向前上腾起，连贯；双手头后向前投掷实心球——挥臂快速，出手角度。提高身体素质，强化练习中的安全意识。 2.增强心肺耐力、肌肉力量、肌肉耐力、位移速度，提升协调、力量、灵敏素质。 3.培养勇于进取、坚韧不拔的良好品质，能积极参与运动，能友好地与同伴相互协作完成学练活动，能客观评价自己和他人的动作
重难点	重点： 50米×8往返跑——体力分配合理；50米快速跑——步频与步长的关系，冲刺跑的技术；跨越式跳高——起跳与两腿依次过竿连贯；蹲踞式跳跃——助跑有力、有节奏，起跳后能向前上腾起，动作连贯；双手头后向前投掷实心球——挥臂快速，出手角度。 难点： 50米×8往返跑——节奏与呼吸稳定；50米快速跑——下肢后蹬充分与前抬到位，冲刺时上体下压技术；跨越式跳高——助跑与起跳的衔接；蹲踞式跳跃——起跳腿快速有力向上跳起蹬伸，摆动腿膝上提，上、下肢协调配合；双手头后向前投掷实心球——快速挥臂、甩腕，动作连贯

课时安排	学习内容	学习目标	基本实施过程	基础作业	评价标准
第1课时	600~800米自然地形跑。 重点：速度均匀，呼吸自然。	1.通过600~800米耐久跑学练活动，能掌握耐久跑的技巧和练习方法，能运用耐久跑呼吸与跑步节奏的配合完成所定任务。	1.听节奏，原地摆臂慢跑练习，体会不同快慢节奏。 2.50米跑道练习速度均匀的慢跑2次，看看谁的节奏控制得好。	原地摆臂1分钟/组，3组，间歇30秒。	50米×8往返跑：甲：起跑快而有力、途中跑自然、轻松、协调；步幅

续　表

课时安排	学习内容	学习目标	基本实施过程	基础作业	评价标准
	要求：跑的动作轻松、协调	2.提高身体协调性，发展耐力素质。 3.培养克服困难的精神和合作意识	3.6~8人一组听音乐在自然地形上练习速度均匀的慢跑600~800米，1组。 5.教师小结练习活动	方法：根据不同节奏的音乐，进行原地跑步的练习	均匀，蹬地有力，呼吸节奏明显；体力分配合理。 乙：起跑快，途中跑轻松、协调；步幅较均匀，蹬地有力，呼吸节奏较明显；体力分配较合理。
第2课时	1.轮流领先跑 要求：跑动中控制距离、速度，全身协调配合。 2.跳跃素质。 重点：呼吸节奏合理，两腿有力蹬地向上跳起	1.进一步体会跑的动作技术，基本掌握有节奏呼吸的方法，能控制跑的节奏和呼吸节奏一致，提高耐久跑的能力。 2.提高身体协调性，发展下肢力量素质。 3.培养克服困难的精神和责任意识	1.听节奏，原地摆臂慢跑练习，体会两三步一呼、两三步一吸的方法。 2.100米跑道练习不同快慢节奏的交替跑，1组（体会两三步一呼、两三步一吸的方法）。 3.分组深蹲跳练习（25个/组×3组）。 4.教师小结练习活动	定时跑： 1分钟30秒/组，3组，间歇1分钟。 方法：根据时间的限制进行慢跑，以50米为例，出发后到达终点折返直至时间结束，看看你能完成几次折返跑	6~8人一组练习轮流领先跑400米，1组组。 丙：起跑较快，途中跑动作协调；步幅较均匀，蹬地较有力，呼吸有节奏。

续 表

课时安排	学习内容	学习目标	基本实施过程	基础作业	评价标准
第3课时	50米×8往返跑：1.合作跑（定时）。2.力量素质练习。重点：控制好跑的节奏。要求：反应灵敏、善于合作	1.学习有节奏跑，提高合作意识及身体素质练习，进一步掌握均匀速度跑及力量素质练习的方法，提高耐久跑能力、力量素质。2.通过身体素质练习，提高身体力量、柔韧素质。3.培养顽强的意志品质	1.听节奏，原地摆臂练习，说出快慢节奏与均匀节奏的感受。2.在操场上，2~4人一组牵手控制好节奏慢跑3次（200米）。3.听音乐有节奏地合作慢跑（2分钟×2组）。4.（立卧撑）组织学生2人一组进行身体素质练习（20个/组×3组）。5.教师小结本课学习情况	自然地形跑：400~600米/组，3组，间歇1分钟。方法：根据不同节奏的音乐，进行自然地形跑，体会匀速跑和两三步一呼、两三步一吸的方法	50米快速跑：甲：起跑动作正确，快而有力；加速跑动作合理，加速明显；途中跑重心平稳，直线性好；蹬摆有力，自然协调，冲刺撞线动作明显。乙：起跑动作正确，速度快；加速跑动作较合理，加速较明显；途中跑重心较平稳，直线性好；蹬摆有力、自然、协调，有冲刺撞线动作。
第4课时	1.50米×8往返跑。2.1~2分钟往返跑。3.游戏：跑动打垒。重点：跑的节奏、呼吸节奏协调，瞄准目标、快速出手。要求：克服极点，遵守游戏规则	1.进一步掌握均匀地跑与有节奏地呼吸协调配合的方法，能与投掷运动结合运用，发展耐力、力量素质。2.提高耐力、力量，发展身体协调、灵敏素质。3.体会成功与失败的感受，增强合作意识	1.原地慢跑，练习两三步一呼、两三步一吸的呼吸方法；6~8人一组，由小队长带领在跑道上练习有节奏地跑和呼吸（口令：呼呼呼，吸吸吸）2.5人一组练习1分钟往返跑1次。游戏：跑动打垒（1分钟30秒往返跑＋单、双手投准），3组。3.为同伴加油，鼓励他们坚持到底并给予积极的评价	变速跑：2分钟/组，3组，间歇1分钟。方法：从起点处跑步出发，以70%的速度到达标志点后减速慢跑，慢跑时调整呼吸节奏，保持途中跑姿势，到达下一标志物时加速到80%的速度，依次循环	

课时安排	学习内容	学习目标	基本实施过程	基础作业	评价标准
第5课时	1.50米×8往返跑（全程）。 2.障碍跑 重点：持续跑动与呼吸的配合。 要求：观察分析准确，方法运用适宜	1.将益智类游戏"五子棋"和"幸运26"迁移到课堂中，与技能练习结合，完成耐久跑，选用适合自己的呼吸方法，进行有节奏的慢跑，边跑边调整呼吸并思考如何快速战胜对方。 2.融合跨、投技能完成军体游戏，发展学生思维能力。 3.提高身体协调、灵敏素质，发展耐久跑能力。 4.培养坚韧不拔、敢于拼搏的顽强意志	1.慢跑200米，练习呼吸方法和跑的节奏。 2.教师讲解合理分配体力的方法。 3.4人一组练习50米×8往返跑，并评价自己的体能状况。 4.通过对自我体能的评估，自己选择起点，练习50米×8全程跑。 5.教师小结，表扬学生坚持跑完全程	贴报纸跑：30米×2/组，3组，间隔1分钟。 方法：报纸贴于胸前跑动，往返跑动30米保持报纸不落下计一次	丙：起跑动作正确，速度较快；有加速跑动作；途中跑重心较平稳，直线性较好；蹬摆有力，有冲刺撞线动作。 跨越式跳高： 甲：助跑有力、节奏合理，与起跳结合紧密，过杆时摆动腿内旋下压，落地屈膝缓冲，整体动作协调连贯，达到相应的高度。 乙：助跑有节奏，起跳有力，过杆时摆动腿
第6课时	1.跨越游戏。 2.跑、跳游戏：取得高位。 重点：起跳腿蹬地有力，起跳后重心向上。 要求：助	1.建立跨越式跳高的动作概念，基本掌握助跑、起跳的动作方法。 2.提高下肢力量和跳跃能力，发展协调素质和耐久跑能力。 3.培养顽强	1.学练上一步起跳动作。 2.学练上三步跨越式跳高（低位杆）。 3.教师讲解游戏方法：三步的跨越式跳高＋助跑＋摸高。 4.组织学生4人一组游戏（3轮）。	2分钟上下阶梯练习：2分钟/组×3组，间隔1分钟。 方法：面对高40厘米左右的阶梯站立，配合音乐，进行摆臂、左右脚交替下上阶梯	

课时安排	学习内容	学习目标	基本实施过程	基础作业	评价标准
	跑、起跳动作连贯	拼搏和勇于挑战的体育运动精神	5.教师小结本课学习情况	练习	内旋下压，落地屈膝缓冲，整体动作较协调连贯，达到相应的高度。丙：助跑有一定节奏，起跳有力，过杆动作较连贯，落地屈膝缓冲，达到相应的高度
第7课时	1.跨越式跳高：5~7步助跑。2.跑、跳、投游戏：报效祖国。重点：助跑有节奏。要求：助跑、起跳动作连贯	1.初步学会5~7步助跑方法，能够做到助跑和起跳的结合。灵活运用跑、跳、投技能，参与游戏。2.提高下肢力量，发展协调、灵敏素质。3.培养顽强拼搏和勇于挑战的精神	1.学练步点丈量方法。2.分组学练上三、五步、七步跨越式跳高（低位杆）。3.教师讲解游戏方法：5~7步的跨越式跳高＋投远。4.组织学生4人一组游戏（3轮）。5.教师小结本课学习情况	躲避羽毛球：2分钟/组，各2组，间歇30秒。方法：两人一组，一人手持羽毛球，另一人用站立式或者蹲踞式起跑方式躲避羽毛球的攻击，在听到跑的指令后开始游戏	
第8课时	跨越式跳高：起跳、过杆、2.50米快速跑。重点：摆动腿脚尖内旋下压动作；加速后蹬，快速向前摆腿。要求：起跳腿用力上摆，加速明显	1.进一步改进起跳后过杆技术，体会过杆与落地动作。掌握在快速跑中疾跑的动作方法。发展弹跳力和腿部力量，提高运动水平。2.提高下肢力量，发展协调素质和跑、跳能力。3.培养机智、灵敏素质和团队意识	1.学练原地两腿依次过杆后摆动腿内旋下压。2.分组学练上五步、七步跨越式跳高。3.教师讲解助跑技术对于跨越式跳高的作用。4.学练后蹬跑（15米）。5.50米快速跑比赛（3组）。6.教师小结本课学练情况	原地高抬腿跑：1分钟/组，3组，间歇1分钟。方法：两臂前后摆动，上身挺直，目视正前方，双脚直立，先抬右脚，使大腿与小腿成直角，然后右脚下蹬，左脚抬起，左腿大腿与小腿亦成直角，以此姿势两脚交替原地跑步	

续 表

课时安排	学习内容	学习目标	基本实施过程	基础作业	评价标准
第9课时	1．跨越式跳高（完整动作）。2.50米途中跑。重点：提高速度、积极起跳。要求：动作连贯协调	1.通过学练活动体会跨越式跳高正确的动作方法，完成多种高度的跳跃尝试。在快速跑中提高途中跑技术。2.提高弹跳和下肢力量，发展协调、灵敏素质。3.培养互助、互评能力，提升安全意识	1.分组学练上三步、五步、七步跨越式跳高。2.学练不同高度的跨越式跳高。3.学练高抬腿跑（原地＋行进间15米）。4.50m快速跑比赛（2组）。5.教师小结本课学练	原地小步跑接加速跑：30秒+15米/组，各3组，间歇30秒。方法：原地小步跑30秒后加大步幅，步频向前跑进15米	蹲踞式跳远：甲：助跑快速、有节奏，助跑和起跳结合连贯、自然紧密；腾空后收腿及时，蹲踞动作自然协调；小腿前伸积极，落地屈膝缓冲，身体平稳；达到相应的远度。乙：助跑快速、有一定节奏，助跑和起跳结合较连贯自然；腾空后收腿及时，蹲踞动作较自然、协调。
第10课时	1.投掷：助跑投掷垒球。2.蹲踞式跳远游戏：助跑起跳摸高球。重点：助跑后接三步交叉投掷，单脚起跳、双脚落地。要求：动作连贯协调	1.通过学练活动，初步掌握加速助跑接投掷引臂动作，并投掷一定远度；将相同助跑迁移到蹲踞式跳远中，提高跳跃能力。2.提高身体协调、柔韧、灵敏素质。3.培养克服困难和遵守规则的良好品质	1.学练助跑3～5米接三步交叉投掷动作（徒手）。2.分组学练三步交叉引臂投掷手击打高物。3.助跑投掷垒球：掷（接）一定远度（分组）。4.游戏：直线助跑5～6步后单脚起跳摸前方不同高度的悬挂物（3轮）。5.教师小结本课学练	阻力跑：30秒/组，3组，间隔30秒。两人一组，一人将阻力带放在练习者腰部给予阻力，另一人手臂用力摆臂，双脚用力蹬地，大腿用力向上抬起，奋力前行	

续 表

课时安排	学习内容	学习目标	基本实施过程	基础作业	评价标准
第11课时	1.投掷：最后用力。要求：出手有一定高度，动作连贯。2.蹲踞式跳远游戏：高地争先。重点：交叉步时用力蹬地，转体，挥臂；用力起跳，跳起后双膝上收	1.通过学练活动，进一步掌握助跑接投掷（最后力）转体挥臂动作，并能较为连贯地与助跑结合，投掷一定远度；进一步学练蹲踞式跳远中起跳腾空中提膝动作，提升跳远能力。2.提高上下肢力量，发展身体协调、柔韧、灵敏素质。3.培养机智、勇敢，奋力争先的良好品质	1.2人一组肩上拉臂、转体挺胸学练。2.分组侧对投掷方向进行推髋蹬地转髋练习。3.交叉步接蹬地转髋挥臂打高物学练。4比赛：助跑投掷垒球比远。5.游戏：高地争先（助跑5~8步，起跳后腾空收腹、提膝、举腿、落座高垫）。6.教师小结本课学练	原地纵跳：40个/组，3组，间歇30秒。方法：两脚左右开立准备，两臂做前后摆动。两臂前摆时，两腿伸直，后摆时两腿屈膝降重心，两脚快速用力蹬地，同时两臂稍屈，由后往前上方摆动，向前上方跳起腾空，并充分展体	小腿前伸较积极，落地屈膝缓冲，身体平稳；达到相应的远度。丙：助跑有一定节奏，助跑和起跳结合连贯；腾空后收腿较及时，蹲踞动作较协调；小腿前伸较积极，落地屈膝缓冲，能控制身体平衡；达到相应的远度
第12课时	1.投掷：助跑投掷垒球。要求：出手有一定高度，步点较准确。2.蹲踞式跳远：步点。重点：助跑、投掷步、最后	1.通过学练活动，进一步学习助跑接投掷垒球动作，能较为连贯地做出助跑、投掷步、最后用力，维持身体平衡动作并投掷一定远度；进一步提升蹲踞式跳远助跑技术动作，提高跳远能力。2.提高上下肢力量，发展身体协	1.徒手助跑投掷垒球学练。2.比赛：助跑投掷垒球比远。3.蹲踞式跳远步点丈量学练。4.分组助跑、起跳学练。5.蹲踞式跳远比赛。6.教师小结本课学练。（助跑5~8步，起跳后腾空收腹、提	跳起摸高：40个/组，3组，间歇1分钟。方法：两腿弯曲，上体稍向前倾，重心下移，两臂自然垂于体侧或稍向后摆。起跳时，两臂向上摆动，提腰，两腿用力快速蹬伸向上跳起。	

课时安排	学习内容	学习目标	基本实施过程	基础作业	评价标准
	用力、维持平衡；助跑快速，有节奏，起跳能向前上方腾空，动作连贯	调、柔韧、灵敏素质。 3.培养机智勇敢、奋力争先的良好品质	膝、举腿，落座高垫）	落地时，双脚用前脚掌先着地，两腿弯曲缓冲	
第13课时	1.投掷：单手投掷实心球。 重点：向目标投掷方向投掷。 2.力量游戏：螃蟹行比赛。 要求：协调用力	1.初步掌握单、双手拨、推实心球时手腕、手指的用力方法，体会单手持球向投掷方向投掷的方法。通过素质学练活动，提升投掷能力。 2.发展力量、协调、灵敏等身体素质。 3.培养安全意识和遵守游戏规则的良好品质	1.分组单、双手推、拨实心球学练。 2.徒手单手推实心球学练。 3.听口令，单手持实心球掷远学练。 4.单手推实心球比远。 5.力量游戏：螃蟹行比赛（仰撑于地面，横向移动15米，用时最短者获胜）。 6.教师小结本课学练情况	左右换脚跳：40个/组，3组，间歇1分钟。 方法：单腿站立，另一条腿屈膝抬起，紧贴站立腿，双手自然摆动。站立腿半蹲，前脚掌蹬地，然后身体起跳，屈膝落地缓冲。换另一条腿撑腿跳，轮换至规定次数	双手头上向前投掷实心球： 甲：投掷时发力顺序正确，全身协调用力，出手速度快，角度适中；整体动作自然、流畅，并达到一定的远度。 乙：全身协调用力，出手角度适中；用力顺序较正确，整体较自然、流畅，并达到一定的远度。
第14课时	1.投掷：双手从体前向前掷实心球。 要求：蹬、摆配合。 2.游戏：跨越人体障碍	1.通过双手从体前向前掷实心球学练活动，基本掌握蹬地、顶髋，上体抬起，两臂用力向前挥臂将球掷出的动作，发展全身协调用力的能力。 2.提高下肢力	1.徒手蹬腿、抬上体，双臂向前上用力学练。 2.2人一组面对面相距10米掷球练习。 3.教学比赛（实心球掷远）。 4.游戏：跨越人体障碍（4人一组，	收腹跳：15个/组，3组，间歇1分钟。 方法：两脚打开与肩同宽，原地跳起，跳起后在上半身稍向前的同时收腹，使	

课时安排	学习内容	学习目标	基本实施过程	基础作业	评价标准
	重点：全身协调用力，助跑起跳动作连贯	量，发展协调、灵敏素质。 3.培养相互协作的意识和勇于挑战的精神	3人侧身相距2米蹲立，1人以跨越式跳高的动作跨越，直至最后一名学生轮换完毕）。 5.教师小结本课学练情况	膝关节靠近胸腹呈蜷曲形	丙：有出手角度，动作较连贯，达到一定的远度
第15课时	1.投掷：双手从头后向前掷实心球。 重点：出手角度适宜。 2.跑：50米×8往返跑。 要求：用力蹬地，快速收腹和甩臂拔指	1.通过原地双手头上向前掷实心球学练活动，基本掌握两臂屈肘，两腿用力蹬地，收腹和甩臂，将球从头后向前上方掷出的动作方法。 2.提高上下肢力量，发展协调素质和耐久跑能力。 3.培养顽强拼搏和勇于挑战的精神	1.徒手原地双手头上向前掷实心球动作学练。 2.2人一组面对面相距10米掷球练习。 3.教学比赛（实心球掷远）。 4.游戏：50米×8往返跑（2组）。 5.教师小结本课学练	双手对墙传接篮球： 15次/组，3组，间歇30秒。 方法：双手头上向墙壁砸篮球反弹后接球计一次	
第16课时	田径类综合游戏（跑、跳、投技能融合运用）。 重点：跑跳投技能的运用。 要求：遵守规则和方法	1.建立跨越式跳高的动作概念，基本掌握助跑、起跳的动作方法，发展腿部力量和弹跳力，提高力量水平。 2.提高下肢力量，发展协调素质和耐久跑的能力。	1.以长津湖战役为案例讲解本次综合游戏方法。 2.复习跑、跳、投掷动作的方法。 3.分组学练。 4.游戏：长津湖战役（50米快速跑＋蹲踞式跳远＋助跑投掷垒球＋跨越式跳高＋双手从头后	提踵： 30个×2/组，3组，间歇30秒。 方法：找个梯子或书来垫脚，然后一只脚前脚掌放在上面，脚跟悬空，脚尖支撑抬到最高点再	

课时安排	学习内容	学习目标	基本实施过程	基础作业	评价标准
		3.培养顽强拼搏和勇于挑战的体育运动精神	向前投掷实心球＋50米×8往返跑，2组，以时间和距离计算团体得分）。 5.教师小结本课学练情况	放下，起落，算一次，直到个数完成	
第17课时	考核50米×8耐力跑。 重点：合理分配体能。 要求：考核时互助合作	1.通过考核，巩固50米×8往返跑，认识绕杆和起动的技术要领，明确自身与标准的差距及练习方向。 2.提高心肺功能，发展协调素质和耐久跑能力。 3.培养顽强拼搏和突破自我的精神	1.教师宣布考核标准和方式。 2.教师组织学练200米慢跑及布置考试场地。 3.分组考核。 4.教师反馈考核成绩	原地弓步跳：20个×2/组，3组，间歇30秒。 方法：弓箭步准备，然后向上跳起，双腿交换位置，同时摆臂。最后以弓步的姿势落地	
第18课时	考核双手向前投掷实心球。 重点：全身协调用力。 要求：考核中的互助合作	1.通过考核，巩固投掷技术的动作和运用，明确自身与标准的差距及练习方向。 2.提高上下肢力量，发展协调、灵敏素质。 3.培养良好的心理素质和积极向上的良好品质	1.宣布考核标准和方式。 2.组织学练双手，向前投掷实心球及场地布置。 3.分组考核。 4.教师反馈考核成绩	横向四点支撑爬行：10m×2/组，3组，间歇1分钟。 方法：学生侧卧撑于地面（双手和双脚前脚掌支撑于地面），通过手脚并用横向移动10米后折返为1组	

续　表

考核内容	50米×8往返跑、双手头后向前投掷实心球							
评分标准	50米×8往返跑评分标准							
	分值	男生	女生	分值	男生	女生	分值	男生	女生

分值	男生	女生	分值	男生	女生	分值	男生	女生
100	1′32″	1′34″	80	1′40″	1′42″	60	1′48″	1′50″
95	1′34″	1′36″	75	1′42″	1′44″	55	1′50″	1′52″
90	1′36″	1′38″	70	1′44″	1′46″	50	1′52″	1′54″
85	1′38″	1′40″	65	1′46″	1′48″	45	1′55″	1′57″

双手头后向前投掷实心球评分标准（单位：米）

分值	男生	女生	分值	男生	女生
100	12.4	12	81	8.5	6.2
98	11.7	11.6	78	8.3	5.8
96	11.1	10.7	75	8.0	5.4
94	10.5	9.7	72	7.8	5.2
92	9.8	8.3	69	7.4	4.9
90	9.0	6.9	66	7.0	4.6
87	8.9	6.7	63	6.5	4.2

50米快速跑微课单元计划

学习内容	50米快速跑
教材分析	50米快速跑是能体现快速跑能力和反应能力的体育项目。快速跑是由起跑、起跑后疾跑、途中跑、终点冲刺四个过程组成的。本单元主要提高学生的快速奔跑能力。该年龄段的部分学生由于身体发育，从奔跑速度所获得的乐趣已经降低。所以在进行该内容的教学时，要运用多种方式来提高学生的学习兴趣，以提升教学效果
动作方法	采用蹲踞式起跑，起跑后加速进入途中跑；途中跑时，上体正直或稍向前倾，摆动腿前摆积极，后蹬腿后蹬充分、有力，大、小腿自然折叠，前脚掌着地，两臂屈肘前后自然、协调摆动，用最快的速度冲过终点
学习目标	1.通过50米快速跑学练活动，掌握快速跑起跑、起跑后的加速跑、途中跑、冲刺跑的完整动作和练习方法。了解相关术语、比赛规则等，并达到相应年级的合格水平。 2.提高肌肉耐力和肌肉力量，增强心肺功能，发展身体协调、灵敏素质。 3.在学练赛活动中培养与同伴互帮互助、遵守规则、吃苦耐劳、奋力拼搏的精神
重难点	重点：步频与步长的关系，冲刺跑的技术。 难点：后蹬充分与前抬到位的下肢技术，冲刺时上体下压的技术

续表

课时安排	学习内容	学习目标	基本实施过程	基础作业	评价标准
第1课时	50米快速跑：蹲踞式起跑。重点：重心前，移快速起动。要求：集中注意，听到信号，快速起跑	1.初步学习蹲踞式起跑的方法，初步掌握身体重心前移快速起动的动作，学会正确姿势。2.发展快速反应能力。3.培养克服困难、互帮互助的精神	1.教师引导学生进行由各种不同身体姿势开始的起跑练习。2.教师讲解蹲踞式起跑的动作要领，并示范动作；指导学生体会学习"各就位""预备""跑"的动作。3.听到教师喊"跑"或其他口令跑出3～5步。4.四人一组，一人发令三人练习蹲踞式起跑（轮流发令）。5.小组交流：哪种起跑姿势最快？6.教学追逐跑。7.教师小结本课情况。	躲避羽毛球：2分钟/组，各2组，间歇30秒。方法：两人一组，一人手持羽毛球，另一人用站立式或者蹲踞式起跑方式躲避羽毛球的攻击，在听到"跑"的口令后开始游戏	甲：起跑动作正确、快而有力；加速跑动作合理，加速明显；途中跑重心平稳，直线性好；蹬摆有力，自然协调，冲刺撞线动作明显。乙：起跑动作正确，速度快；加速跑动作较合理，加速较明显；途中跑重心较平稳，直线性好；蹬摆有力、自然、协调，有冲刺撞线动作。
第2课时	50米快速跑：50米加速跑。重点：起跑后，加速后蹬，快速向前摆腿。要求：加速跑的技术与起跑技术和途中跑技术连接自然	1.学习加速跑动作，初步掌握起跑后在最短时间内发挥最快速度的小步快频疾跑的动作方法，提高快速跑能力。2.发展灵敏、协调素质。3.培养机智、果断、顽强的拼搏精神	1.两腿交替做后蹬跑，由慢到快体会加速动作。2.教师讲解、示范从起跑到加速跑的动作要领。3.两人配合，用粗胶皮筋牵引做蹬离地面的练习。4.在跑道上画参照物，练习加速跑（20～30米）。5.教师发各种起跑的口令指挥学生进行起跑接加速跑练习（30～50米）。6.教师组织学生进行游戏"叫号赛跑"（50米）。7.教师讲评游戏结果	原地高抬腿跑：1分钟/组，3组，间歇1分钟。方法：两臂前后摆动，上身挺直，目视正前方，双脚直立，先抬右脚使大腿与小腿成直角，然后右脚下蹬左脚抬起，左脚大腿与小腿亦成直角，以此姿势两脚交替原地跑步	

课时安排	学习内容	学习目标	基本实施过程	基础作业	评价标准
第3课时	50米快速跑：50米途中跑。重点：蹬摆积极充分。要求：跑的姿势正确	1.进一步学习50米快速跑的方法，初步掌握途中跑蹬、摆的方法，提高快速跑能力。2.增强肢体力量，发展灵敏、协调素质。3.培养顽强的意志品质，提高合作意识	1.20米高抬腿、后蹬跑练习。2.沿地面直线练习50米放松跑。3.20米中速跑接30米快速跑练习。4.按体质分组练习追逐跑。5.组织集体进行50米迎面接力比赛。6.教师讲解50米全程跑的过程。7.教师引导学生全程跑，并对自己的练习进行评价	原地小步跑接加速跑：30秒+15米/组，各3组，间歇30秒。方法：原地小步跑30秒后加大步幅、步频向前跑15米	丙：起跑动作正确，速度较快；有加速跑动作；途中跑重心较平稳，直线性较好；蹬摆有力，有冲刺撞线动作
第4课时	50米快速跑：50米速跑。重点：以最快的速度冲过终点。要求：前脚掌着地，两腿蹬摆积极	1.通过50米快速跑全程跑学练活动，进一步掌握起跑、加速跑、途中跑和终点跑的连贯技术动作，学会用最快的速度冲过终点，发展快速奔跑的能力。2.增强肢体力量，发展灵敏、协调素质。3.培养协作意识，磨炼意志品质	1.教师讲解终点跑的动作要领。2.学生进行20~30米快速跑冲过终点练习（3次）。3.学生两人一组，在30~40米的相邻跑道线的终点插一面小旗，看谁先抢到小旗（1次）。4.学生交流：为什么到终点时不跨跳、不停顿？5.教师讲解50米全程跑的技术环节和动作要领，组织学生4人一组练习50米全程跑（3次）。6.分组教学比赛，教师讲评	贴报纸跑：30m×2次/组，3组，间歇30分钟。方法：报纸贴于胸前跑动，往返跑动30米保持报纸不落下计一次，看谁先完成	

续 表

课时安排	学习内容	学习目标	基本实施过程	基础作业	评价标准
第5课时	考核：50米快速跑 要求：快速跑完全程	1.进一步掌握50米快速跑全程跑方法，能在跑动中两臂屈肘自然前后摆动和两腿积极蹬地与前摆的方法，提高快速奔跑的能力。 2.增强肢体力量，发展灵敏、协调素质。 3.培养勇于挑战、不惧困难的精神	1.教师引导学生练习起跑接加速跑。 2.教师引导学生进行50米全程跑。 3.教师宣布考核方法与标准。 4.学生分组进行考核，教师登记成绩。 5.教师反馈考核成绩	阻力跑： 30秒/组，3组，间隔30秒。 两人一组，一人将阻力带放在练习者腰部给予阻力；另一人手臂用力摆臂，双脚用力蹬地，大腿用力向上抬起，奋力前行	

评分标准	50米快速跑评分标准								
	分值	男生	女生	分值	男生	女生	分值	男生	女生
	100	8″3	8″6	80	8″7	9″0	60	9″1	9″4
	95	8″4	8″7	75	8″8	9″1	55	9″2	9″5
	90	8″5	8″8	70	8″9	9″2	50	9″3	9″6
	85	8″6	8″9	65	9″0	9″3	45	9″4	9″7

50米快速跑微课案例

课题	50米快速跑
教材分析	快速跑是田径运动的基础项目，对田径运动水平的提高，对其他运动项目的发展都有着重要的意义。它的特点是强度大，以最快的速度跑完全程，通过较短距离的跑来发展快速跑的能力。而在快速跑的起跑姿势中，蹲踞式起跑更能使身体迅速摆脱静止状态。同时，蹲踞式起跑又是小学高年段教材的主要内容之一
动作方法	蹲踞式起跑包括"各就位""预备""鸣枪"（或"跑"的口令）三个环节。 听到"各就位"口令后，起跑线前，屈体，两手撑地，有力腿在前，（以普通式为例）前脚距起跑线一脚至一脚半。后脚距前脚一脚至一脚半，两个脚中轴线间隔约15厘米（约一拳半），后腿跪地；前抵足板与地面大约成45度角。两手紧靠起跑线后沿并撑于地面，两手拇指相对，其余四指并拢或稍分开与拇指呈"八"字形，虎口向前做弹性支撑。两手距离比肩稍宽，两臂伸直，肩微移超过起跑线；头与躯干保持在一条直线上，两眼视前方半米处，身体重量均衡地落在两手、前脚和后膝关节之间，注意听"预备"口令。 听到"预备"口令后，抬起臀部，身体重心同时前移，形成臀部高于肩、肩超过起跑线的身体姿势。 听到枪声或"跑"的口令后，两手迅速推离地面，两臂屈肘做有力的前后摆动，同时两腿迅速蹬地跑出
教学目标	1.通过快速跑学练赛活动，使学生掌握蹲踞式起跑技术动作，提高学生快速奔跑的能力。 2.提高学生身体协调、灵敏素质等。 3.培养学生克服困难、积极上进的优良品质及团队合作精神
教学重难点	重点：两臂伸直，手脚位置正确。 难点：重心前移，臀部稍高于肩
学前准备	场地	室内篮球场
	器材	平板电脑8台、自制起跑器40个、音响1台

热身活动	1.热身操（看视频）。 （1）集体跟随视频做热身操。 （2）教师适时点评。 要求：动作规范，充分热身。 2.激发兴趣："叫号出击"。 （1）教师讲解示范游戏方法与规则。 （2）组织学生做游戏。 要求：反应迅速	
基本部分	1.蹲踞式起跑。 重点：两臂伸直，手脚位置正确。 难点：重心前移，臀部稍高于肩。 要求：低头等待，反应迅速，后脚快速上前。 （1）组织学生复习站立式起跑技术动作。 （2）（学习微课）完整动作及口令学习。 （3）"各就位"动作辅助练习。 提示：两臂伸直，用力撑住身体。 （4）组织学生学习"各就位"动作技术。 提示：低头准备，两臂伸直，手脚位置正确。 （5）"预备"动作辅助练习及教学。 提示：提膝抬臀，重心前移，臀部稍高于肩，控制平衡，后腿弯曲。 （6）组织学生体会重心前移的前冲力。 （7）（微课学习）引导学生总结动作要领。 （8）分小组纠错练习，教师巡视指导。 （9）优生示范展示，教师点评总结。 （10）学生集体进行蹲踞式起跑并加速跑练习。 2.游戏：趣味接力。 （1）微课学习游戏规则及方法。 （2）指引学生进行比赛，强调游戏规则及安全。 （3）教师点评游戏。 提示：注意安全，遵守规则。 游戏规则：完成指定任务才能返回。 要求：积极参与，遵守规则，注意安全	
保护与帮助建议	预计：重心前移时身体不能保持平衡。 处理：反复练习找到合适的支撑力量	

续 表

	分值	男生	女生	分值	男生	女生	分值	男生	女生
评分标准	100	8″3	8″6	80	8″7	9″0	60	9″1	9″4
	95	8″4	8″7	75	8″8	9″1	55	9″2	9″5
	90	8″5	8″8	70	8″9	9″2	50	9″3	9″6
	85	8″6	8″9	65	9″0	9″3	45	9″4	9″7

50米×8往返跑微课单元计划

学习内容	50米×8往返跑
教材分析	50米×8往返跑是以一定的速度完成一定距离的跑运动。本项目对学生心肺系统机能的锻炼具有其他项目不可比拟的作用，对学生良好意志品质乃至责任感、耐挫力的培养也是积极的。同时，耐久跑已成为全民健身运动的一项主要内容，因此该内容的教学可对学生自我锻炼特别是锻炼方法、手段及注意事项进行指导，启发学生逐渐养成自觉锻炼、自主锻炼的良好意识与习惯，启蒙学生终身体育的意识
动作方法	50米×8往返跑用站立式起跑，途中跑技术和快速跑基本相同，只是蹬、摆的动作幅度稍小，频率稍慢，更注重动作上减少体力的消耗。动作放松自然，身体重心较高、平稳；呼吸自然而有节奏，一般可按步伐的节奏，跑两三步吸一口气，再跑两三步呼一次气；跑速和体力分配合理，尽可能用较快的速度冲过终点线
学习目标	1.通过50米×8往返跑学练活动，初步掌握耐久跑正确跑姿和有节奏呼吸及多种辅助练习方法、比赛规则、相关术语，提高适应在不同环境中耐久跑的能力并达到相应年级《国家学生体质健康标准（2014年修订）》的合格水平。 2.通过学练，提高肌肉耐力和肌肉力量，增强心肺功能，发展身体协调、灵敏素质。 3.在学练活动中与同伴互帮互助，遵守规则，培养吃苦耐劳、奋力拼搏的精神

续 表

重难点	重点：动作协调，呼吸自然有节奏，步幅均匀。				
	难点：跑的节奏与呼吸节奏稳定				
课时安排	学习内容	学习目标	基本实施过程	基础作业	评价标准
第1课时	50米×8往返跑：600～800米自然地形跑。 重点：速度均匀，呼吸自然。 要求：跑的动作轻松、协调	1.初步学习600～800米自然地形跑，基本掌握跑的过程中节奏均匀、呼吸自然、配合协调的方法，培养正确姿势。 2.提高身体协调性，发展耐力素质。 3.培养克服困难的精神和合作意识	1.听节奏，原地摆臂/慢跑练习，体会不同快慢的节奏。 2.50米跑道练习速度均匀的慢跑2次，看看谁的节奏控制得好。 3.6～8人一组听音乐在自然地形上练习速度均匀的跑200米慢，1组。 4.2人一组结伴在自然地形上慢跑200米，1组。一路纵队自然地形跑400米，1组。 5.教师小结练习活动	原地摆臂：1分钟/组，3组，间歇30秒。 方法：根据不同节奏的音乐，进行原地跑步练习	甲：起跑快而有力，途中跑自然、轻松、协调；步幅均匀，蹬地有力，呼吸节奏明显；体力分配合理。 乙：起跑快，途中跑轻松、协调；步幅较均匀，蹬地有力，呼吸节奏较明显；体力分配较合理。
第2课时	50米×8往返跑：轮流领先跑。 重点：呼吸节奏。 要求：跑动中控制距离和速度	1.进一步体会跑的动作技术，基本掌握有节奏呼吸的方法，能控制跑的节奏和呼吸节奏一致，提高耐久跑的能力。 2.提高身体协调性，发展耐力素质。 3.培养克服困难的精神和责任意识	1.听节奏，原地摆臂/慢跑练习，体会两三步一呼、两三步一吸的方法。 2.在音乐的伴奏下，50米跑道练习有节奏地跑和呼吸。 3.50米跑道练习不同快慢节奏的交替跑1组（体会两三步一呼、两三步一吸的方法）。 4.6～8人一组练习轮流领先跑200米，1组。 5.分组/集体领先跑400米，2组。 6.教师小结练习活动	定时跑：1分钟30秒/组，3组，间歇1分钟。 方法：根据时间的限制进行慢跑，以50米为例，出发后到达终点折返，直至时间结束，看看你能完成几次折返跑	

课时安排	学习内容	学习目标	基本实施过程	基础作业	评价标准
第3课时	50米×8往返跑：合作跑。重点：控制好跑的节奏。要求：反应灵敏、善于合作	1.学习有节奏跑的方法，进一步掌握以均匀的速度跑进的方法，提高耐久跑的能力。2.提高身体协调性，发展耐力素质。3.培养顽强的意志品质，提高合作意识	1.听节奏，原地摆臂练习，说出快慢节奏与均匀节奏的感受。2.在教师指挥下进行变速跑，体会速度的变化和身体负荷的承受状况。3.在操场上，2~4人一组牵手控制好节奏慢跑3次。4.一路纵队操场上听音乐有节奏地慢跑，听教师的指挥进行"多人牵手跑"的游戏30秒。5.师生探讨跑的节奏在耐久跑中的重要作用。6.听节奏稍快的音乐，再进行一次"多人牵手跑"的游戏。7.教师小结本课学习情况	自然地形跑：400~600米/组×3组，间歇1分钟。方法：根据不同节奏的音乐，进行自然地形跑，体会匀速跑进和两三步一呼、两三步一吸的方法	丙：起跑较快，途中跑动作协调；步幅较均匀，蹬地较有力，呼吸有节奏
第4课时	50米×8往返跑：1~2分钟往返跑。重点：跑的节奏和呼吸节奏协调	1.通过往返跑的练习，进一步掌握均匀地跑和有节奏地呼吸协调配合的方法，了解正确的呼吸方法在耐久跑中的重要作用，发展耐力素质。2.提高身体协调、灵敏素质，发展持久跑的能力。	1.原地慢跑练习两三步一呼、两三步一吸的呼吸方法。2.6~8人一组，由小队长带领在跑道上练习有节奏地跑和呼吸（口令：呼呼呼，吸吸吸）。3.演示折返的方法，学生2人一组熟悉往返跑场地。4.5人一组练习1分钟往返跑，1次	变速跑：2分钟/组，3组，间歇1分钟。方法：从起点处跑步出发，以70%的速度到达标志点后减速慢跑，慢跑时调整呼吸节奏，保持途中跑姿	

课时安排	学习内容	学习目标	基本实施过程	基础作业	评价标准
	要求：相互鼓励，坚持到底	3.体会成功与失败的感受，提高合作意识	5.师生探讨呼吸的节奏在耐久跑中的重要作用。 6.比一比，1′30″看谁跑得距离远。 7.赛一赛，400米看谁用时少。 8.为同伴加油，鼓励他们坚持到底并给予积极的评价	势，到达下一标志物时加速到80%的速度，依次循环	
第5课时	重点：合理分配体力。 要求：速度均匀地跑完全程	1.进一步掌握均匀地跑和有节奏地呼吸协调配合的方法，能合理分配体力并了解正确的呼吸方法在耐久跑中的重要作用。 2.提高身体协调、灵敏素质，发展耐久跑能力。 3.培养坚韧不拔、敢于拼搏的顽强意志	1.慢跑200米，练习呼吸方法和跑的节奏。 2教师讲解合理分配体力的方法。 3.4人一组练习50米×8往返跑，并评价自己的体能状况。 4.通过对自我体能的评估，选择起点，练习50米×8全程跑。 5.教师小结表扬、鼓励学生坚持跑完全程	贴报纸跑：30米×2/组，3组，间隔1分钟。 方法：报纸贴于胸前跑动，往返跑动30米保持报纸不落下计一次	
第6课时	考核：50米×8往返跑	1.进一步掌握均匀地跑和有节奏地呼吸协调配合的方法，了解正确的呼吸方法在耐久跑中的重要作用	1.教师宣布考核标准和要求。 2.组织放松跑30米×2。 3.分组考核50米×8往返跑： （1）每组人数不宜太多，以5～6人为宜。 （2）应按体质分组	2分钟上下阶梯练习：2分钟/组×3组，间隔1分钟	

续 表

课时安排	学习内容	学习目标	基本实施过程	基础作业	评价标准
	要求：奋力争先，勇于挑战自我	2.发展协调素质和耐久跑的能力。 3.培养顽强拼搏和勇于挑战的体育运动精神	（3）考核中教师应提示动作要领和呼吸方法。 4.与同伴谈自己心理与生理的感受。 5.教师反馈考核成绩	方法：面对高40厘米左右的阶梯站立，配合音乐，进行摆臂、左右脚交替上下阶梯练习	

评分标准	50米×8往返跑评分标准								
	分值	男生	女生	分值	男生	女生	分值	男生	女生
	100	1′32″	1′34″	80	1′40″	1′42″	60	1′48″	1′50″
	95	1′34″	1′36″	75	1′42″	1′44″	55	1′50″	1′52″
	90	1′36″	1′38″	70	1′44″	1′46″	50	1′52″	1′54″
	85	1′38″	1′40″	65	1′46″	1′48″	45	1′55″	1′57″

50米×8往返跑微课案例

课题	50米×8往返跑6-4（1～2分钟往返跑）
教材分析	耐久跑的方法：采用站立式起跑，用较快速度跑20～30米，以匀速进入途中跑，途中跑动作轻巧协调，步幅均匀，并有节奏地呼吸，合理控制跑速和分配体力，快到终点时，以最快的速度冲过终点，跑完全程。 教学单元共分五次课完成、6-1 50米×8往返跑（600～800米自然地形跑）、6-2 50米×8往返跑（轮流领先跑）、6-3 50米×8往返跑（合作跑）、6-4 50米×8往返跑（1～2分钟往返跑）、6-5 50米×8往返跑（50米×8往返跑），6-6考核（50米×8往返跑）。本次课为单元第四次课

动作方法	用站立式起跑，途中跑技术和快速跑基本相同，只是蹬、摆的动作幅度稍小，频率稍慢，更注重动作上减少体力的消耗。动作轻快、放松、自然，身体重心较高、平稳；呼吸自然而有节奏，一般可按步伐的节奏，跑两三步吸一口气，再跑两三步呼一次气；跑速和体力分配合理，尽可能用较快的速度冲过终点线
教学目标	1.通过往返跑的练习，让学生进一步掌握均匀跑和有节奏呼吸协调配合的方法，了解正确的呼吸方法在耐久跑中的重要作用，发展耐力素质。 2.提高学生身体协调、灵敏素质，发展持久跑能力。 3.让学生体会成功与失败的感受，提高合作意识
教学重难点	重点：跑的节奏和呼吸节奏协调。 难点：克服极点
学前准备	场地：室内篮球场 器材：平板电脑8台、标志盘（矮）40个、音响1台 **热身活动** 趣味队列练习（动态）：跑步解散、集合。 1.教师讲解跑步解散、集合的方法及要求。 2.口令指挥学生练习队列跑步、解散、集合。 提示：跑步解散，分别成2人横队、4人横队、5人纵队集合。 要求：小步慢跑、快速反应、队伍整齐
基本部分	6-4 50米×8往返跑（1~2分钟往返跑）。 1. 教师引导学生复习跑的动作和呼吸方法，体会摆臂和呼吸节奏（测心率）。 提示：协调配合。 2.（微课学习）学生自主体验快速跑和中速跑的区别。 提示：动作幅度。 3.集体进行趣味绕障碍练习（测心率）。 4.（分组微课学习）利用标志盘形成的跑道练习变换节奏跑。 提示：控制节奏。 5.集体进行趣味钻障碍练习。 6.学生听音乐绕规定线路进行2分30秒定时跑练习（测心率）。 提示：克服极点。 辅助游戏：趣味障碍跑练习——绕、钻、跨过障碍。 要求：动作轻巧、灵活

续 表

保护与帮助建议	提示学生注意呼吸方法（鼻子吸气，嘴巴呼气）和呼吸节奏（两步一吸气、两步一呼气），在耐久跑过程中告诉学生出现胸闷、呼吸不畅、摆臂无力等情况是正常现象（极点），利用加深呼吸、降低跑速等方式进行调整，体会第二呼吸							
评价标准	50米×8往返跑评分标准							
	分值	男生	女生	分值	男生	女生	分值	男生	女生

50米×8往返跑评分标准								
分值	男生	女生	分值	男生	女生	分值	男生	女生
100	1′32″	1′34″	80	1′40″	1′42″	60	1′48″	1′50″
95	1′34″	1′36″	75	1′42″	1′44″	55	1′50″	1′52″
90	1′36″	1′38″	70	1′44″	1′46″	50	1′52″	1′54″
85	1′38″	1′40″	65	1′46″	1′48″	45	1′55″	1′57″

跨越式跳高微课单元计划

学习内容	跨越式跳高
教材分析	跨越式跳高是在以往学习的基础上，通过各种跳跃动作的学习、锻炼和游戏，发展学生力量、速度、协调、灵敏等身体素质。依据水平三（五年级）学生运动能力、认知水平和心理发展特点，跨越式跳高以完整技术学练为主，让学生学习并掌握其相关理论、比赛等知识，同时发展学生跳跃能力、身体灵敏、协调素质，培养学生勇敢、果断的意志品质，启发学生逐渐养成自主锻炼的良好意识与习惯，培养学生终身体育意识
动作方法	侧面助跑，助跑方向与横杆的夹角为30~60度。左（右）脚是有力脚（踏跳腿），从右(左)侧助跑。助跑距离4~5米。助跑速度逐渐加快，助跑最后一步要大些。在距离横杆投影三四脚的地方，用有力脚踏跳。踏跳腿稍屈膝，先以脚跟着地，过渡到全脚掌，再以前脚掌迅速蹬地，同时摆动腿向前上方摆起，两臂随之上摆。上体前倾使大腿靠近胸部，当摆动腿摆至横杆上时，即稍内旋。踏跳腿完成踏跳动作后，迅速做弹性屈膝，缓冲平衡

学习目标	1.通过跨越式跳高学练活动，连贯地完成跨越式跳高完整动作，了解相关练习方法、比赛规则、相关术语，发展跳跃能力并达到相应年级的合格水平。 2.提高上下肢力量，发展身体协调、灵敏素质。 3.在学练赛活动中培养与同伴互帮互助、遵守规则、吃苦耐劳、奋力拼搏的精神				
重难点	重点：起跳腿蹬地有力，起跳后重心迅速向上的动作。 难点：两腿依次过杆，摆动腿脚尖内旋下压的动作				
课时安排	学习内容	学习目标	基本实施过程	基础作业	评价标准
第1课时	跨越式跳高：蹲跳起。 重点：起跳时，两腿迅速有力蹬地向上跳起。 要求：全身协调配合	1.通过半蹲跳及深蹲跳的练习，学习并掌握以踝关节伸展带动下肢发力的蹲跳起的动作方法，感受蹲跳起时两腿迅速有力蹬地向上腾起的动作，发展弹跳力。 2.提高上下肢力量，发展灵敏、协调素质。 3.培养相互合作意识	1.学生2人一组做半蹲跳及深蹲跳练习，每人跳2次并相互纠正错误动作。 2.教师指导学生分4组，连续蹲跳起用手触悬挂物，并进行比赛。 3.学生2人一组，一人半蹲或深蹲，另一人在背后用双手施力压肩，当对方起蹲双脚即将蹬离地面时，压肩人突然放手，让其跳起。连续做3次，2人互换	原地纵跳：40个/组，3组，间歇30秒。 方法：两脚左右开立准备，两臂前后摆动。两臂前摆时，两腿伸直，后摆时两腿屈膝降重心，两脚快速用力蹬地，同时两臂稍屈，由后往前上方摆动，向前上方跳起腾空，并充分展体	甲：助跑有力、节奏清楚，与起跳结合紧密，过杆时摆动腿内旋下压，落地屈膝缓冲，整体动作协调连贯，达到相应的高度。 乙：助跑有节奏，起跳有力，过竿时摆动腿内旋下压，落地屈膝缓冲，整体动作较协调连贯，达到相应的高度。
第2课时	跨越式跳高：起跳、摸高。 重点：起跳腿蹬地有力，起跳后重心向上。	1.学习起跳、摸高的跨越式跳高方法，初步了解起跳的动作技术，能描述已学过的练习方法，体验并运用起跳腿快速有力地蹬地，起跳后身体重心向上的技术动作，提高跳跃的能力。	1.教师讲解示范跨越式跳高起跳、摸高的动作。 2.组织学生2人一组练习正面或侧面相对站立，同时跳起在最高处用双手或单手在空中击掌的动作。	跳起摸高：40个/组，3组，间歇1分钟。 方法：两腿弯曲，上体稍向前倾，重心落在两腿上，两臂自然垂于体侧或稍向	

续 表

课时安排	学习内容	学习目标	基本实施过程	基础作业	评价标准
	要求：助跑、起跳动作连贯	2.提高上下肢力量，发展柔韧、灵敏、协调素质。 3.培养勇于挑战的精神和合作意识	3.学生自主练习上一步或助跑2~3步，起跳腿脚跟先着地迅速过渡到前脚掌用力蹬地的起跳动作。 4.学生助跑3~5步起跳后用头或摆动腿脚尖触纸球，体会助跑节奏和最后一步蹬地起跳的身体感觉	后摆，起跳时，两臂向上摆动，提腰，两腿用力快速蹬伸向上跳起。落地时，双脚用前脚掌先着地，两腿弯曲缓冲	丙：助跑有一定节奏，起跳有力，过竿动作较连贯，落地屈膝缓冲，达到相应的高度
第3课时	跨越式跳高：起跳、过竿 重点：两腿依次过竿、摆动腿脚尖内旋下压动作。 要求：起跳腿用力上摆	1.通过起跳、过竿学练活动，初步掌握描述起跳、过竿的动作及术语，改进跨越跳高两腿依次过竿、摆动腿脚尖内旋下压技术动作，提高跨越式跳高能力。 2.提高上下肢力量，发展柔韧、灵敏、协调素质。 3.培养善于观察和改进的能力，提高合作意识	1.教师组织学生进行发展跳跃能力的练习。 2.教师讲解、示范起跳、过竿的跨越式跳高动作。 3.教师巡视并针对巡视的错误动作进行辅导。 4.学生分组练习上一步两腿依次过低位杆的动作。 5.学生5人一组，上一步做两腿依次过低位杆摆动腿内旋的练习。 6.学生分组在多边形不同高度的橡皮筋上做助跑、起跳、过杆的动作	左右换脚跳：40个/组，3组，间歇1分钟。 方法：单腿站立，另一条腿屈膝抬起，紧贴站立腿，双手自然摆动。站立腿半蹲，前脚掌蹬地，然后身体起跳，屈膝落地缓冲。然后换另一条腿撑腿跳，轮换至规定完成次数	

课时安排	学习内容	学习目标	基本实施过程	基础作业	评价标准
第4课时	跨越式跳高。重点：动作协调、连贯。要求：助跑起跳不停顿，落地缓冲	1.能较完整地说出跨越式跳高的动作名称和练习方法。掌握并运用助跑有力、节奏清楚、起跳时身体重心向上、两腿依次过杆、落地时屈膝缓冲的4个技术动作，发展跳跃能力。2.提高上下肢力量，发展灵敏、协调、柔韧素质。3.体会成功与失败的感受，提高合作意识	1.教师组织学生进行发展跳跃能力的练习。2.学生分组在画有助跑路线、方向、角度的区域做完整的跨越式跳高动作练习。3.学生分组根据自己的能力判断、选择不同高度的横杆，进行跳高练习。4.学生分组在逐渐升高的横杆上练习跨越式跳高动作。5.学生在小组间进行跨越式跳高练习的相互评价	收腹跳：15个/组，3组，间歇1分钟。方法：两脚打开与肩同宽，然后原地跳起，跳起后在上半身稍往前的同时收腹，使膝关节靠近胸呈成蜷曲形	
第5课时	考核：跨越式跳高。重点：协调连贯完成跨越式跳高四个环节的动作。要求：动作连贯、利落	1.进一步巩固跨越式跳高技术，能够连贯做助跑、起跳、过杆、落地的动作，发展跳跃能力。2.提高上下肢力量，发展灵敏、协调、柔韧素质。3.培养良好的心理素质和敢于拼搏的顽强意志	1.教师组织学生分组练习跨越式跳高动作。2.教师提出要求，学生全程助跑跨越，体验助跑起跳，两腿依次过杆的动作。3.教师宣布考核及要求。4.教师宣布考核结果，小结	编花篮：1分钟/组，3组，间隔1分钟。方法：学生与家长一侧脚踝勾紧，另一侧腿支撑屈膝缓冲，有节奏地顺时针（逆时针）跳动一圈计一次	

续表

评分标准	跨越式跳高评分标准（单位：米）								
	分值	男生	女生	分值	男生	女生	分值	男生	女生
	100	1.13	1.10	80	1.01	0.96	60	0.88	0.83
	95	1.11	1.07	75	0.98	0.94	55	0.86	0.80
	90	1.08	1.05	70	0.93	0.88	50	0.84	0.78
	85	1.03	0.99	65	0.91	0.85	45	0.80	0.75

跨越式跳高微课案例

课题	跨越式跳高
教材分析	跨越式跳高是田径运动的基础项目之一，也是五年级教材的重要内容。本课是在低年级跳跃的基础上，通过有目的的跳跃练习进一步掌握两腿依次摆过杆的动作方法。跨越式跳高由助跑、起跳、腾空过杆、落地等紧密衔接的四个部分组成，笔者将教学重点放在过杆和动作衔接上，让学生在本课的学习中基本掌握跨越式跳高的两腿依次摆过杆的动作，增强腿部力量，提高弹跳力，发展灵敏性和协调性，为学生以后的学习打下基础
动作方法	在距离横杆投影三四脚的地方，用有力脚踏跳。踏跳腿稍屈膝，先以脚跟着地，过渡到全脚掌，再以前脚掌迅速蹬地，同时摆动腿向前上方摆起，两臂随之上摆。上体前倾使大腿靠近胸部，当摆动腿摆至横杆上时，随即脚尖内旋。踏跳腿完成踏跳动作后，迅速弹性屈膝，缓冲平衡
教学目标	1.通过起跳、过杆学练活动，让学生初步掌握描述起跳、过杆的动作及术语，改进跨越式跳高两腿依次过杆、摆动腿脚尖内旋下压的技术动作，提高学生跨越式跳高能力。 2.提高学生上下肢力量，发展柔韧、灵敏、协调等素质。 3.培养学生善于观察和改进的能力，提高合作意识
教学重难点	重点：两腿依次过杆、摆动腿脚尖内旋下压动作。 要求：起跳腿用力上摆

续 表

学前准备	场地	室内篮球场
	器材	平板电脑8台、自制跳高架8组（皮筋）、音响1台
	热身活动	1.激发兴趣："叫号出击"。 （1）教师讲解示范游戏方法与规则。 （2）组织学生做游戏。 要求：反应迅速。 2.热身操（看视频）。 （1）集体跟随视频做热身操。 （2）教师适时点评。 要求：动作规范，充分热身
基本部分	教师组织学生进行发展跳跃能力的练习（单、双脚）： 提示：起跳腿、摆动腿确立。 （1）（微课学习）起跳、过杆的跨越式跳高动作。 （2）原地两腿依次过杆。 （3）上一步两腿依次过杆。 （4）教师巡视并针对巡视的错误动作进行辅导。 （5）学生分组练习上一步两腿依次过高、低位杆。 提示：摆动腿积极向上摆动	
结束部分	1.拉伸练习。 2.小结本次课完成情况。 要求：听音乐，跟随教师进行肩、臂、腰、腿肌肉拉伸	
保护与帮助建议	预计：练习时避免碰撞。 处理：预留合适的练习场地	

评分标准	考核标准（跨越式跳高）（单位：米）							
	分值	男生	女生	分值	男生	女生	分值	男生	女生
	100	1.13	1.10	80	1.01	0.96	60	0.88	0.83
	95	1.11	1.07	75	0.98	0.94	55	0.86	0.80
	90	1.08	1.05	70	0.93	0.88	50	0.84	0.78
	85	1.03	0.99	65	0.91	0.85	45	0.80	0.75

蹲踞式跳远微课单元计划

学习 内容	蹲踞式跳远
教材 分析	蹲踞式跳远是在以往学习的基础上，通过各种跳跃动作的学习、锻炼和游戏，发展学生力量、速度、协调、灵敏等身体素质的运动。依据水平三（五年级）学生运动能力、认知水平和心理发展特点，蹲踞式跳远以完整技术学练为主，让学生学习并掌握其相关理论、比赛等知识，同时发展学生上下肢、腰腹力量，身体灵敏、协调素质，培养学生勇敢、果断的意志品质，从而启发学生逐渐养成自主锻炼的良好意识与习惯，培养学生终身体育意识
动作 方法	助跑动作自然、轻松，逐渐加速，最后几步速度最快，最后一步步幅稍小。最后一步以脚跟先着地并快速过渡到全脚掌蹬地起跳，同时摆动腿和两臂快速向前上方摆起，并在达到水平位置时制动，眼看前上方；身体离地后成"腾空步"，至最高点，起跳腿屈膝收起与摆动腿并拢，成蹲踞姿势；落地时，两小腿向前伸出，同时两臂后摆，脚跟接触沙地后，立刻屈膝缓冲，向前走出沙坑
学习 目标	1.通过跨越式跳高学练活动，学生在基本掌握助跑、单脚起跳、屈膝收腹腾空和双脚落地的同时，学会简单的丈量步点的方法并能较为连贯地完成蹲踞式跳远完整动作，学会相关练习方法、比赛规则、相关术语，发展跳跃能力且达到相应年级的合格水平。 2.提高上下肢力量，发展身体协调、灵敏、柔韧素质。 3.在学练赛活动中培养与同伴互帮互助、遵守规则、吃苦耐劳、奋力拼搏的精神
重难 点	重点：助跑快而有节奏，起跳有力。 难点：助跑与起跳衔接技术

课时安排	学习内容	学习目标	基本实施过程	基础作业	评价标准
第1课时	蹲踞式跳远：越过多种障碍物跳跃练习。 重点：根据不同障碍物确定助跑距离，能准确起跳和落地。 要求：屈膝缓冲落地、身体平稳	1.通过越过多种障碍物的跳跃练习，学习根据不同障碍物确定助跑距离、起跳的跳跃方法，感受助跑在跳跃中的运用，发展弹跳力。 2.提高上下肢力量，发展协调、灵敏素质。 3.培养团结协作和积极进取的精神	1.教师讲解方法，组织和引导学生单人利用障碍物分别做起跳点、落点的跳跃练习。 2.教师引导学生分组，学生多人一组设置障碍物进行越过障碍物的练习。 3.教师启发并引导学生根据不同障碍物确定助跑、起跳距离	提踵： 30个×2/组，3组，间歇30秒。 方法：找个梯子或用书来垫脚，然后一只脚前脚掌放在上面，脚跟悬空，脚尖支撑抬到最高点再放下，起落算一次，直到完成指定个数	甲：助跑快速、有节奏，助跑和起跳结合连贯、自然紧密；腾空后收腿及时，蹲踞动作自然、协调；小腿前伸积极，落地屈膝缓冲，身体平稳；达到相应的远度
第2课时	蹲踞式跳远：不同高度的摸高练习。 重点：单脚起跳。 要求：助跑起跳动作连贯，落地轻巧	1.通过不同高度的摸高练习，感受起跳腿迅速有力蹬地向上腾起的动作，体验助跑起跳对起跳点的判定，能对自我练习情况进行较为正确的评价，发展弹跳力及空间感。 2.提高上下肢力量，发展灵敏、协调素质。 3.培养勇于挑战的精神和合作意识	1.教师和学生合作示范跳起接球动作，教师讲解向上跳的方法、要求。 2.学生分组体验原地纵跳的练习和原地起跳摸高练习。 3.学生进行助跑几步起跳腿迅速有力蹬地向上的摸高练习。 4.学生对不同高度的摸高练习互评自评	原地纵跳： 40个/组，3组，间歇30秒。 方法：两脚左右开立准备，两臂做前后摆动。两臂前摆时，两腿伸直，后摆时两腿屈膝降重心，两脚快速用力蹬地。同时两臂稍屈，由后向前上方摆动，向前上方跳起腾空，并充分展体	

课时安排	学习内容	学习目标	基本实施过程	基础作业	评价标准
第3课时	蹲踞式跳远：步点的测量。重点：测量步点的方法、起跳动作。要求：逐渐加速助跑、起跳准确	1.学习步点测量方法，运用测量方法较准确地确定起跳点，能较为连贯地完成助跑、起跳动作，提高跳跃能力。2.提高判断力，发展身体协调素质。3.培养积极进取的精神，提高合作意识	1.教师组织学生采用"走9跑7"的方法进行助跑距离测量练习。2.教师提出增加助跑距离要求，学生采用步丈量的方法练习。3.教师指导学生用目测法练习越过不同距离的障碍物	原地单脚跳：20个×2/组，3组，间歇1分钟。方法：单腿站立，双手自然摆动，另一条腿屈膝抬起。站立腿半蹲，前脚掌蹬地，然后单脚跳起，屈膝落地缓冲计一次	乙：助跑快速、有一定节奏，助跑和起跳结合较连贯、自然；腾空后收腿及时，蹲踞动作较自然、协调；小腿前伸较积极，落地屈膝缓冲，身体平稳；达到相应的远度
第4课时	蹲踞式跳远：不同助跑距离的跳跃。重点：起跳腿快速有力地向上起跳，摆动腿屈膝上提。要求：步点丈量基本准确	1.通过不同助跑距离的跳跃练习，能较熟练地运用助跑距离测量的方法和跳跃的技术，发展跳跃能力。2.提高身体协调、灵敏素质，发展跳跃的综合能力。3.体会成功与失败的感受，提高合作意识	1.教师指导学生5人一组设障碍物进行越过障碍物的练习（水平与垂直相结合）。2.教师设疑：如何准确跑上踏跳点？学生体验助跑踏跳方法的练习。3.师生对体验练习进行小结，教师讲解测量助跑距离的方法	原地弓步跳：20个×2/组，3组，间歇30秒。方法：弓步准备，然后向上跳起，双腿交换位置，同时摆臂。最后以弓步姿势落地	
第5课时	蹲踞式跳远：蹲踞式跳远	1.进一步掌握蹲踞式跳远的基本技术动作，并连贯地做出助跑、起跳、腾空、落地的完整动作，发展跳跃能力	1.教师指导学生5人一组进行助跑几步的"单踏双落"练习。2.教师提出问题(如何跳得更远？)引导学生探讨助跑起跳相结合练习方法	收腹跳：15个/组，3组，间歇1分钟	

续 表

课时安排	学习内容	学习目标	基本实施过程	基础作业	评价标准
	重点：助跑快速、有节奏，起跳能向前上方腾空，动作连贯。要求：步点准确	2.提高上下肢力量，发展身体协调、灵敏素质。3.培养坚韧不拔、敢于拼搏的顽强意志	3.通过练习和教师引导得出结论：助跑和起跳要结合好，动作连贯才能跳得远。4.教师指导学生用不同距离助跑、起跳、腾空落地的连贯动作练习，选择最适合自己的助跑距离。5.学生自定距离进行蹲踞式跳远的连贯动作练习，并自评、互评	方法：两脚打开与肩同宽，然后原地跳起，跳起后上半身稍往前，同时收腹，使膝关节靠近胸腹呈蜷曲形	丙：助跑有一定节奏，助跑和起跳结合连贯；腾空后收腿较及时，蹲踞动作较协调；小腿前伸较积极，落地屈膝缓冲，能控制身体平衡；达到相应的远度
第6课时	考核：蹲踞式跳远。要求：奋力争先，勇于挑战自我	1.进一步巩固蹲踞式跳远技术，能够协调连贯地完成蹲踞式跳远完整动作，提高跳跃能力。2.提高上下肢力量，发展协调、灵敏素质。3.培养顽强拼搏和勇于挑战的体育运动精神	1.学生分组进行跳远动作练习。2.教师提出要求，学生体验落地平稳的跳远练习。3.教师宣布考核标准。4.教师组织学生分组考核，教师登记成绩。5.教师宣布考核结果	跳起摸高：40个/组，3组，间歇1分钟。方法：两腿弯曲，上体稍向前倾，重心落在两脚上，两臂自然垂于体侧或稍向后摆；起跳时，两臂向上摆动，提腰，两腿用力快速蹬伸向上跳起；落地时，双脚用前脚掌先着地，两腿弯曲缓冲	

续　表

评分标准	蹲踞式跳远评分标准（单位：米）								
	分值/分	男生	女生	分值/分	男生	女生	分值/分	男生	女生
	100	3.60	3.24	80	3.28	2.92	60	2.98	2.60
	95	3.52	3.17	75	3.22	2.86	55	2.90	2.52
	90	3.43	3.10	70	3.14	2.78	50	2.81	2.43
	85	3.36	3.01	65	3.07	2.69	45	2.72	2.34

蹲踞式跳远微课案例

课题	蹲踞式跳远
教材分析	蹲踞式跳远是田径运动的基础项目之一，也是五年级教材的重要内容。蹲踞式跳远是跳远中最基础的技术，它的练习手段多样，简便易学且具有一定的挑战性和趣味性，是颇受学生喜爱的田径项目。它的完整技术包括助跑、起跳、腾空、落地四个部分，本次课的重点是助跑和起跳的衔接。助跑和起跳的良好结合有利于学生更好地掌握完整技术，进而提高跳远的成绩。步点的丈量是本课的难点
动作方法	助跑动作自然、轻松，逐渐加速，最后几步速度最快，最后一步步幅稍小。最后一步以脚跟先着地并快速过渡到全脚掌蹬地起跳，同时摆动腿和两臂快速向前上方摆起，并在达到水平位置时制动，眼看前上方；身体在离地后成"腾空步"，至最高点，起跳腿屈膝收起与摆动腿并拢，成蹲踞姿势；落地时，两小腿向前伸出，同时两臂后摆，脚跟接触沙地后立刻屈膝缓冲，向前走出沙坑
教学目标	1.通过不同助跑距离的跳跃练习，使学生较熟练地运用助跑距离测量的方法和跳跃技术，发展跳跃能力。 2.提高学生身体协调、灵敏素质，发展学生跳跃的综合能力。 3.让学生体会成功与失败的感受，提高学生合作意识

教学重点难点	重点：起跳腿快速有力地向上起跳，摆动腿屈膝上提。	
	要求：步点丈量基本准确	

学前准备	场地	室内篮球场
	器材	平板电脑8台、体操垫40床（皮筋）、音响1台
	热身活动	1.原地练习。 提示：动作到位。 （1）头部、颈部及各关节绕环。 （2）原地屈腿跳。 （3）原地弓箭步交换走。 （4）原地弓箭步交换跳。 2.行进间练习（10米）。 提示：动作协调。 （1）弓箭步走比赛。 （2）脚跟过渡到脚尖的全脚掌走。 （3）前踢腿。 （4）单脚向上跳。 （5）踮步跳。 （6）高抬腿跑。 要求：动作规范，充分热身

基本部分	1.教师指导学生5人一组设障碍物进行越过障碍物的练习（水平与垂直相结合）。 提示：起跳腿蹬地充分。 2.教师设疑：如何能准确踏上踏跳点？ 3.（微课学习）学生分组体验助跑踏跳方法的练习。 提示：分组练习，可以反复学习微课。 4.条件限制练习。 提示：全组踏跳合格，才能进入下一关。 5.师生对体验练习进行小结，教师讲解测量助跑距离的方法

保护与帮助建议	预计：练习时避免碰撞。
	处理：预留合适的练习场地

评价标准	蹲踞式跳远考核标准（单位：米）								
	分值/分	男生	女生	分值/分	男生	女生	分值/分	男生	女生
	100	3.60	3.24	80	3.28	2.92	60	2.98	2.60
	95	3.52	3.17	75	3.22	2.86	55	2.90	2.52
	90	3.43	3.10	70	3.14	2.78	50	2.81	2.43
	85	3.36	3.01	65	3.07	2.69	45	2.72	2.34

双手头后向前投掷实心球微课单元计划

学习内容	双手头后向前投掷实心球
教材分析	使学生通过各种投掷动作的学习和锻炼，体验不同投掷方式对身体发展的作用。考虑到五年级学生运动能力、认知水平和心理发展特点，双手头后向前投掷实心球以完整技术学练为主，让学生学习并掌握其相关理论、比赛规则等知识，同时发展学生上下肢、腰腹力量，身体灵敏、协调素质，培养学生勇敢、果断意志的品质，从而启发学生逐渐养成自主锻炼的良好意识与习惯，启蒙学生终身体育的意识
动作方法	两脚前后开立，两臂屈肘，两手持球于头上，上体稍后仰。向前掷球时两腿用力蹬地，收腹、甩臂，将球从头后向前上方抛出
学习目标	1.通过双手从头后向前投掷实心球的学习，进一步掌握持球后引（呈反弓）、蹬地、收腹、挥臂等全身协调用力的动作及练习方法，学习相关术语、比赛规则，并达到相应年级《国家学生体质健康标准（2014年修订）》的合格水平。 2.通过学练，提高上下肢、腰腹力量及全身协调用力的能力，发展身体协调、灵敏、柔韧素质。 3.在学练活动中培养组织纪律观念、团队协作精神和安全意识
重难点	重点：持球后引，呈反弓，蹬地、收腹、挥臂用力的顺序，球的出手角度。 难点：动作连贯、协调，快速挥臂、甩腕

续 表

课时安排	学习内容	学习目标	基本实施过程	基础作业	评价标准
第1课时	双手头后向前投掷实心球:安全教育及单、双手推、拨实心球。 重点:不同方法的投远。 要求:协调用力	1.通过安全教育,建立安全意识;初步掌握单、双手推、拨实心球时手腕、手指用力的方法,增强肢体力量,发展投掷能力。 2.提高身体上下肢力量,发展柔韧、协调、灵敏素质。 3.培养克服困难的精神和合作意识	1.安全教育。 2.单、双手拨球(地面)。 3.单、双手抓球。 4.单、双手向前推、拨实心球比远。 5.教师小结学练情况	向上、下传接轻物:30次(上、下传递各10次)/组,3组,间隔30秒。 方法:两人经头上至胯下依次传接球计一次	甲:投掷时发力顺序正确,全身协调用力,出手速度快,角度适中;整体动作自然、流畅,并达到相应远度。 乙:全身协调用力,出手角度适中;用力顺序较正确,整体较自然、流畅,并达到相应远度。 丙:有出手角度,动作较连贯,达到相应的远度
第2课时	双手头后向前投掷实心球:单手推实心球。 重点:出手角度适宜。 要求:由下至上,快速用力	1.学练单手投掷实心球的动作技术,掌握右脚用力蹬地,右肩用力前送,右臂迅速伸直将球推出的动作和练习方法,提高投掷能力。 2.提高上肢力量,发展协调性,灵敏素质。 3.培养遵守纪录的习惯和责任意识	1.单手握持球。 2.徒手动作模仿练习。 3.对墙推实心球练习。 4.2人一组距10~12米推实心球练习。 5.教学比赛:单手推实心球比远。 6.教师小结练习活动	婴儿爬行:10米×2/组,3组,间歇1分钟。 方法:学生跪撑于地面,通过手脚并用向前移动10米后折返为一组	

续 表

课时安排	学习内容	学习目标	基本实施过程	基础作业	评价标准
第3课时	双手头后向前投掷实心球：双手体前向前抛实心球。 重点：上、下肢协调用力。 要求：出手有一定高度	1.学练双手从体前向前抛实心球的技术动作，掌握用力蹬地、顶髋，两臂用力向前上方挥摆将球抛出的动作及练习方法，提高投掷能力。 2.提高上、下肢力量，发展身体协调、灵敏素质。 3.培养机智果断的品质，提高合作意识	1.握持实心球。 2.徒手动作练习。 3.抛球练习。 4.双手从体前抛实心球过一定高、远度的横绳。 5.教学比赛：单手推实心球比远	横向四点支撑爬行：10米×2/组，3组，间歇1分钟。 方法：学生侧卧撑于地面（双手和双脚前脚掌支撑于地面），通过手脚并用横向移动10米后折返为一组	
第4课时	双手头后向前投掷实心球：双手从头后向前抛实心球。 重点：蹬地、收腹、快速将球掷出。 要求：上下肢配合用力	1.进一步学练双手从头后向前抛实心球技术，掌握两臂屈伸肘，两腿用力蹬地，收腹甩臂，将球从头后向前上方抛出的动作及练习方法，发展投掷能力。 2.提高上、下肢力量，发展身体协调、灵敏素质。 3.学会尊重和关心他人，培养积极进取、勇于挑战的精神	1.持球方法。 2.徒手动作练习。 3.跪姿对墙抛掷实心球练习。 4.双手从头后向前抛实心球过一定高、远度的横绳。 5.教学比赛：双手从头后向前抛实心球比远	双手对墙传接篮球：15次/组，3组，间歇30秒。 方法：双手头上向墙壁抛篮球反弹后接球计一次	

续 表

课时安排	学习内容	学习目标	基本实施过程	基础作业	评价标准
第5课时	考核：双手从头后向前抛实心球。重点：用力顺序。要求：动作协调、连贯、快速	1.进一步巩固两臂屈伸肘，两腿用力蹬地，收腹甩臂，将球从头后向前上方快速抛出的动作及练习方法，发展投掷能力。2.提高力量、协调、灵敏素质。3.遵守规则，培养机智果敢、勇于超越的精神	1.学生慢跑200米，练习呼吸方法和跑的节奏。2.学生徒手练习。3.分组自由练习。4.教师宣布考核标准。5.考核。6.教师反馈问题和考核结果	立卧撑：20个/组，3组，间隔1分钟。方法：先做一个俯卧撑，然后收腿成蹲立，迅速向上跳起为1个，至规定个数为一组	

评分标准	双手头后向前投掷实心球评分标准（单位：米）					
	分值/分	男生	女生	分值/分	男生	女生
	100	12.4	12	81	8.5	6.2
	98	11.7	11.6	78	8.3	5.8
	96	11.1	10.7	75	8.0	5.4
	94	10.5	9.7	72	7.8	5.2
	92	9.8	8.3	69	7.4	4.9
	90	9.0	6.9	66	7.0	4.6
	87	8.9	6.7	63	6.5	4.2
	84	8.7	6.4	60	6.0	3.8

单手向前推实心球微课案例

课题	单手向前推实心球
教材分析	投掷是田径运动的基础项目之一，也是五年级学生必须掌握的运动技能。单手向前推实心球是五年级必学内容，通过对多种单向前推、抛实心球投掷项目学习，发展学生上肢和腰背力量，以及全身协调用力的能力；培养学生组织纪律观念、团队协作精神
动作方法	面对投掷方向，两脚前后开立，右手持球的后下部于肩上，肘关节抬起稍低于肩，左手轻轻扶球。推球时身体右转，左肩对准投掷方向，右腿弯曲，重心后移落在右脚上；然后右脚用力蹬地，向左转体、挺胸，同时用力将球向前上方推出
教学目标	1.让学生学练单手推实心球的动作技术，掌握右脚用力蹬地，右肩用力前送，右臂迅速伸直将球推出的动作和练习方法，提高投掷能力。 2.提高学生上肢力量，发展学生协调性、灵敏素质。 3.培养学生遵守纪律的习惯和责任意识
教学重难点	重点：出手角度适宜。 要求：由下至上，快速用力

学前准备	场地	足球场
	器材	平板电脑8台、标志筒12个、跳高架5副（皮筋）、音响1台
	热身活动	蛇形跑+游泳操（蛙泳、自由泳、蝶泳、仰泳）。 提示：保持距离、避免冲撞、动作标准

基本部分	1.单手持球及推、拨球练习。 提示：手指、手腕用力。 2.（微课学习）徒手动作模仿练习。 3.对墙推实心球练习。 提示：按照动作步骤边喊边练习。 4.2人一组距离10～12米推球练习。 提示：组员顺利完成后，可升高皮筋高度

续 表

	5.教学比赛：单手推实心球比远。 6.教师小结练习活动							
保护与 帮助建议	预计：实心球砸伤事故发生。 处理：课前强调安全事宜，课中纪律的要求并预留合适的练习场地							
评分标准	单手向前推实心球考核标准（单位：米）							
	分值/分	男生	女生	分值/分	男生	女生	分值/分	男生	女生

分值/分	男生	女生	分值/分	男生	女生	分值/分	男生	女生
100	12.4	12	90	9.0	6.9	75	8.0	5.4
98	11.7	11.6	87	8.9	6.7	72	7.8	5.2
96	11.1	10.7	84	8.7	6.4	69	7.4	4.9
94	10.5	9.7	81	8.5	6.2	66	7.0	4.6
92	9.8	8.3	78	8.3	5.8	63	6.5	4.2

双摇跳微课案例

课题	双摇跳
教材分析	跳绳是一项简便易行、锻炼价值较大的体育活动，经常进行跳绳练习，可以促进人体运动器官和内脏功能的发展，有助于保持体态健美，提高反应力和心肺功能，对发展弹跳能力、灵敏性、协调性等身体素质有积极作用
动作方法	两手持绳端，绳从背后向上、向前摇动，在绳至脚下时，并腿双脚跳起，使绳摇过，用前脚掌着地，手脚如此配合连续跳动。在此练习的基础上做一次高跳，同时快速摇绳，使绳在脚下通过两次，脚再落地。待手脚配合熟练后，可连续做跳一次摇两次绳的双摇跳
教学目标	1.教给学生动作名称，让学生了解双摇跳的锻炼价值、掌握双摇跳的方法，并将双摇跳作为健身手段，进行自主锻炼。 2.通过学练，提高学生协调性、灵敏性和节奏感。 3.培养学生听从指挥、服从命令的组织性和纪律性，以及良好的集体意识和协同动作的能力

教学重难点	教学重点：跳跃有高度，摇绳快速、有节奏。 教学难点：摇绳与跳跃动作的协调配合	
学前准备	场地	田径场
	器材	8台平板电脑、1台音响、跳绳若干
	热身活动	1.慢跑。 2.热身操。 （1）头部运动。 （2）扩胸运动。 （3）俯背转体运动。 （4）正弓步运动。 （5）膝关节运动。 （6）手腕脚踝运动
基本部分	1.教师将学生分成两列横队成体操队形站立。 2.教师带领学生复习单摇跳绳。 动作要领：手臂在腰的两侧，双脚并拢，前脚掌落地，跳得轻松自然。 要求：在单摇跳绳的基础上快速摇，跳得高，脚并拢，落地轻。 3.学习微课掌握动作要领。 4.教师讲解双摇跳的动作方法并示范。 5.教师组织学生进行双摇跳练习，并巡视指导。 教法：教师观察学生的练习情况，找几名跳得好的学生进行演示，对学生进行集中纠错，要求其他学生思考并给出评价，教师再补充评价。 6.教师讲解游戏"抓尾巴"的方法及规则。 规则： （1）抓尾巴者只能绕对方身后，不能面对面抱住对方腰部而抓掉尾巴。 （2）先走出圈圈的人失败。 7.学生按照教师要求进行游戏，教师巡视指导	
结束部分	拉伸练习。 要求：听音乐，跟随教师进行肩部、臂部、腰部、腿部的肌肉拉伸	
保护与帮助建议	预计：跳绳过程中打到同学。 处理：提醒学生跳绳保持前后左右间距	
评价标准	甲：熟练掌握双摇跳的方法，动作轻松自然，30秒计时男生不少于15个，女生不少于16个。 乙：掌握双摇跳的方法，动作较轻松自然，30秒计时男生不少于13个，女生不少于14个。 丙：掌握双摇跳的方法，基本做出动作，30秒计时男生不少于11个，女生不少于12个	

第四节　球类

球类大单元计划

单元主题	球类运动
单元概述	球类运动是人们为了实现自我发展和休闲娱乐而创造的以球为载体，在开放和对抗情境中合理运用攻防技战术，以战胜对方为直接目的的体育活动。球类运动的主要特点是结果的不确定性、应激反应的即时性、技能操控的复杂性、战术选择的针对性和有效性等。本教材中的球类运动项目可分为同场对抗项目和隔网对抗项目。前者是双方在同一场地内进行的有身体接触的对抗性运动项目（如篮球、橄榄球等），后者是双方在各自区域内进行的无直接身体接触的对抗性运动项目（如排球、乒乓球等）。本教材中的球类项目又可分为集体性球类运动项目和个体性球类运动项目。前者是多人相互合作的对抗性运动项目（如足球、手球等），后者是以个人为主的对抗性运动项目（如羽毛球、网球等）
单元目标	1.通过球类运动技能的教学，掌握所学球类运动项目的基本动作技术和组合动作技术，并运用所学的技战术参与班级内的教学比赛；能描述所学球类运动项目的基本动作技术要领和基本规则；了解学习球类运动项目的必要性和重要意义。 2.通过学练，发展灵敏、协调、速度、力量等身体素质。 3.在学练中表现出较强的自信心，敢于展示自我，能正确看待运动中的正常碰撞与摔倒，关注同伴，遵守规则，尊重对手，履行自己的职责
单元重难点	重点：掌握球类的基本技术，了解人与球的位置关系。 难点：全身协调用力
学习内容	足球（脚背内侧踢球、脚内侧传球、脚背正面射门）。 篮球（行进间双手胸前传接球、体前变向换手运球）。 排球（正面下手垫球）

教材 分析	足球：脚背内侧踢球、脚内侧传球和脚背正面射门是足球的基本技术，通过练习，可发展学生柔韧、协调、力量等身体素质，还可以充分激发小学生参与活动的积极性和主动性，提高学生的综合素质，培养学生的竞争意识和团结合作的精神。篮球：传、接球技术和体前变向换手运球是篮球竞赛中运用最多的技术，是进攻队员在场上相互联系和组织进攻的纽带。传、接球技术具有准确性高、容易控制、便于变化等优点。变向运球技术能够很好地锻炼学生的灵敏性、协调性等身体素质。学生还能利用这一技术摆脱防守而获得自信与成就感，培养超越对手的勇气与自信心。排球：软式排球重量轻、体积大、制造材料柔软、不易损伤手指，而且击出的球飞行速度较气排球慢，不易落地，学生玩起来趣味性强；正面下手双手垫球是排球动运中是最基本的技术动作，利用"一插、二夹、三抬"的动作提高学生传球质量，进一步提升学生排球水平
动作 方法	1.足球。 脚背内侧踢球：斜线助跑，助跑方向和出球方向约成45度角，支撑脚踏在球后侧，膝关节微屈，眼睛看球，重心稍倾向支撑脚一侧。在支撑脚踏地的同时，踢球腿以髋关节为轴，大腿带动小腿由外后向前内略呈弧线摆动，膝踝关节稍外旋。当膝关节摆至接近球内侧上方时，小腿加速前摆。击球时，膝关节向前顶送，脚背绷直，脚趾扣紧斜下指，以脚背内侧击球的后中下部。击球后，踢球腿顺势前摆落地。 脚内侧传球：直线助跑，支撑脚落在球侧15厘米处，膝关节微屈，脚尖指向出球方向，踢球腿以髋关节为轴由后向前摆动，摆动过程中膝关节弯曲外展，脚尖微翘，脚掌与地面平行，用脚内侧击球的后中部，用敲击或推送的方式将球击出。 脚背正面射门：直线助跑，支撑脚踏在球侧10～15厘米处，踢球腿以髋关节为轴，摆幅大，以大腿带动小腿加速前摆。踢球脚触球一刹那，脚背绷直，脚趾扣紧，以脚背正面击球的中部。 2.篮球。 行进间双手胸前传接球：动作方法与原地双手胸前传接球动作结构与方法基本相同。跑动中双手胸前传接球是一个连贯动作，传接球时手臂与跑步动作配合协调，必须在中枢脚离地后又未落地前根据接球人的位置迅速、及时、准确地将球传出。接球时，要求接球人跨步向前迎球。 体前变向换手运球：右手运球向左侧变向突破时，突然改变球的方向，拍按球的右侧上方，使球从身体右侧弹向左前侧，右脚迅速向左侧前方跨出，上体左转、前倾并探肩，换左手按拍球的左后侧继续加速前进。动作要点：向左侧变向时，按拍球的右侧上方，把球运向身体左前侧。向右变向时，拍按球的左侧上方，把球运向身体的右前侧

	3.排球。 正面下手垫球：正对来球，成准备姿势。垫球前，两臂自然下垂，两手并拢，两拇指平行，两前臂尽量靠近；垫球时，用两脚蹬地，两臂稍内收，利用伸膝、含胸、提肩、压腕的全身协调动作迎向来球，用前臂准确地垫击球的击球部位上。击球瞬间，两臂要保持平稳，身体重心向抬臂的方向移动伴送球击出。跨步、转体、前倾、探肩等动作协调连贯
学习 目标	1.通过教学，了解篮球、足球、排球，并学习篮球行进间双手胸前传接球、体前变向换手运球的技术动作，足球脚背内侧踢球、脚内侧传球、脚背正面射门的技术以及排球正面下手垫球的原理及其在球类运动中的作用，建立动作概念，正确掌握脚背内侧踢球、脚内侧传球、脚背正面射门、行进间双手胸前传接球、体前变向换手运球、正面下手垫球的动作要领。 2.通过学练，发展上下肢、腰腹力量及心肺功能，提高协调性、灵敏性和耐力素质。 3.在学练中充分展示自我，增强自信和克服困难的勇气，提高规则意识，培养互相帮助、配合的良好品质
重难 点	脚背内侧踢球教学重点：支撑脚的站位，踢球脚踝关节稍外旋，脚背绷直，脚趾扣紧斜下指。 脚背内侧踢球教学难点：支撑腿、踢球腿与上体的协调配合，踢球动作舒展。 脚内侧传球教学重点：支撑脚的站位，踢球腿膝关节外展，用脚内侧击球的后中部。 脚内侧传球教学难点：支撑腿、踢球腿与上体的协调配合，踢球动作舒展。 脚背正面射门教学重点：支撑脚位置、脚触球的位置。 脚背正面射门教学难点：摆腿快速有力与脚背绷直，动作协调一致。 行进间双手胸前传接球教学重点：传球时，结合接球人的位置、速度和时机，准确地将球传出，做到人到球到；接球时，能迎球跨步接球。 行进间双手胸前传接球教学难点：传接球动作与脚步协调配合，接球时跨步迎球。 体前变向换手运球教学重点：拍按球的位置准确，跨步、转体、前倾、探肩等动作协调连贯。 体前变向换手运球教学难点：手脚配合协调，节奏清晰。 正面下手垫球的重点：夹臂、提肩、压腕、垫球的部位准确。 正面下手垫球难点：判断准确，上下肢协调

续 表

课时安排	18（根据季节分配、组合教学内容）。

评价标准	足球	
	脚背内侧传、踢球	脚背正面射门
	甲：支撑脚与脚触球位置准确，踢球脚踝关节稍外旋，脚背绷直，脚趾扣紧斜下指，动作协调。 乙：支撑脚与脚触球位置准确，踢球脚踝关节稍外旋，脚趾扣紧斜下指。 丙：能够完成脚背内侧踢球动作，姿势基本正确。 丁：无法完成脚背内侧踢球动作，不知道动作要领	甲：支撑脚与脚触球位置准确，射门准确，摆腿快速有力，脚背绷直，动作协调一致。 乙：支撑脚与脚触球位置准确，射门较准确，摆腿快速有力，脚背绷直。 丙：能够完成脚背正面射门动作，姿势基本准确。 丁：无法完成脚背正面射门动作，不知道动作要领
	篮球	
	行进间双手胸前传接球	体前变向换手运球
	甲：传接球动作正确，传球速度快，准确率高。 乙：传接球动作正确，有一定的传球速度及准确率。 丙：传接球动作基本正确，能在行进间完成传接球	甲：能流畅并有节奏地完成6次以上体前变向换手运球。 乙：能完成3至5次体前变向换手运球，控制运球方向。 丙：能基本完成1～2次体前变向换手运球
	排球	
	正面下手垫球	甲：垫球手形正确，垫得准、稳，上下肢协调用力，动作协调、连贯。 乙：垫球手形正确，垫球较稳定，上下肢协调、连贯。 丙：垫球手形基本正确，垫球较稳定，动作较协调。 丁：垫球手形不正确，垫球不稳定，动作不协调

续表

课时安排	学习内容	学习目标	基本实施过程	基础作业	评价标准
第1课时	篮球双手胸前传接球。 重点：体会发力对传球的作用。 难点：提高传球速度和准确性	1.提高双手胸前传接球技术的水平，并能通过利用正确的技术提高传球的速度和准确性。 2.通过学练，发展灵敏、协调、速度、力量等身体素质。 3.培养克服困难精神和合作意识	1.2人一组，向上一传一接球练习。 2.2人一组，根据教师规定距离进行传接球练习。 3.2人一组，自定距离，听信号或计时进行传接球比赛。 4.4人一组，一球到两球传接球练习。 5.展示评价	2人一组，相对而站，双方持同一个篮球，向前发力，推动对方	篮球行进间双手胸前传接球考核标准： 甲：传接球动作正确，传球速度快，准确率高。 乙：传、接球动作正确，有一定的传球速度及准确率。 丙：传、接球动作基本正确，能在行进间完成传接球
第2课时	篮球行进间双手胸前传接球。 重点：上下肢协调配合用力。 难点：提高传球的准确性	1.进一步提高双手胸前传接球的技术动作，巩固胸前传接球技术动作，尝试在行间运球。 2.通过学练，发展灵敏、协调、速度、力量等身体素质。 3.培养克服困难的精神和合作意识	1.2人一组由近到远进行胸前传接球练习。 2.4人一组进行双手胸前传接球练习。 3.2人一组进行移动中传接球练习。 4.2人一组进行慢跑中传接球练习。 5.展示评价	2人一组，面对面站立，一人先传球，另一人接球后再回传给对面的同学	
第3课时	篮球行进间双手胸前传接球。 重点：连续准确地传接球。 难点：上下肢协调配合及对球的控制支配	1.复习行进间胸前传接球技术动作，能自如地用到游戏和比赛中。 2.通过学练，发展灵敏、协调、速度、力量等身体素质。 3.培养克服困难的意志品质和合作意识	1.复习原地胸前传接球。 2.2人一组进行运动中双手胸前传接球练习。 3.游戏比赛。 4.展示评价	1.原地运球3分钟。 2.对墙传球接球3分钟。 3.双人对练3分钟	

续 表

课时安排	学习内容	学习目标	基本实施过程	基础作业	评价标准
第4课时	篮球考核：行进间双手胸前传接球。重点：快速准确完成行进间传接球。难点：上下肢协调配合及对球的控制支配	1.通过考核，了解自己行进间双手胸前传接球的技术水平，寻找不足及时调整学习方法。2.通过学练，发展灵敏、协调、速度、力量等身体素质。3.培养克服困难的精神和合作意识	1.组织学生进行考试。2.安排其他学生进行复习。3.考完学生进行半场游戏比赛	1.原地运球3分钟。2.对墙传接球3分钟。3.双人对练3分钟	
第5课时	篮球体前变向换手运球。重点：对球的控制。难点：换手时对球的控制	1.建立正确的篮球体前变向换手运球的动作概念。2.通过学练，发展灵敏、协调、速度、力量等身体素质。3.培养克服困难的精神和合作意识	1.巩固复习运球技术，提高兴趣。2.采用小组合作法，两人小组和多人小组进行学习。3.采用分层递进法组织学习活动，原地高、低运球。4.学生练习行进中运球。5.激情拓展，通过一对一过人的方法，展示学到的体前变向换手运球技术	1.体前换手运球。2.前后跳加体前换手运球	篮球体前变向换手运球核标准：甲：能流畅并有节奏地完成6次以上体前变向换手运球技术动作。乙：能完成3~5次体前变向换手运球技术动作，控制球的运球方向。

课时安排	学习内容	学习目标	基本实施过程	基础作业	评价标准
第6课时	篮球体前变向换手运球。重点：对球的控制。难点：变向动作的衔接	1.掌握体前变向换手运球技术动作，并能在活动中初步运用。2.通过学练，发展灵敏、协调、速度、力量等身体素质。3.培养克服困难的精神和合作意识	1.通过两人合作的方式复习体前变向换手运球技术。2.采用小组竞赛的形式，合作学习体前变向换手技术，同时互相评价，互助学习。3.激情拓展，半场三对三比赛，体验实践中技术的运用	1.左右转髋加体前换手运球。2.胯下"8"字加体前换手运球。3."三威胁"动作加体前换手运球	丙：能基本完成1～2次体前变向换手运球技术动作
第7课时	篮球体前变向换手运球。重点：对球的控制。难点：实践中对技术的运用	1.进一步巩固篮球体前变向换手运球的技术动作，牢记动作要领，并能在游戏比赛中运用该技术动作。2.通过学练，发展灵敏、协调、速度、力量等身体素质。3.培养克服困难的精神和合作意识	1.分组进行体前变向换手运球技术动作练习。2.通过教学游戏比赛，练习体前变向换手运球技术，各队采用成功一次体前变向换手运球技术动作增加得分1分的方法进行游戏比赛。3.分组考核。4.教师反馈考核成绩	1.练习跨步、侧身护球的动作。2.原地拍球做体前变向换手运球	
第8课时	排球正面下手垫球。重点：准备姿势、四肢位置正确。难点：移动迅速，注视球的落点	1.掌握准备姿势和移动的正确动作。2.通过学练，发展灵敏、协调、速度、力量等身体素质。3.培养克服困难精神和合作意识	1.教师讲解动作方法、示范完整动作。2.教师组织学生练习并步和跨步的移动动作。3.教师组织学生两人一组练习准备姿势与移动动作。4.教师讲解示范动作方法的实际运用。5.教师巡视指导	计时3分钟自垫球计数比赛	排球正面下手双手垫球考核标准：甲：垫球手形正确，垫得准、稳，上下肢协调用力，动作协

续表

课时安排	学习内容	学习目标	基本实施过程	基础作业	评价标准
第9课时	排球正面下手垫球。重点：触球部位准确。难点：判断落点准确	1.掌握正面下手垫球正确触球部位，夹臂、提肩、压腕动作准确。2.通过学练，发展灵敏、协调、速度、力量等身体素质。3.培养克服困难的精神和合作意识	1.教师讲解、示范。2.学习练习原地触球动作。3.学习练习球落地后垫球动作。4.教师找优生示范。5.教师讲评以及解决存在的问题。6.学生两人一组练习垫球动作	1.徒手模仿练习：全身协调用力，避免蹬地与上身力量脱节。2.击固定球练习：体会击球感觉，明确击球部位。	调、连贯。乙：垫球手形正确，垫球较稳定，上下肢协调、连贯。丙：垫球手形基本正确，垫球较稳定，动作较协调。丁：垫球手形不正确，垫球不稳定，动作不协调
第10课时	排球正面下手垫球。重点：击球时用力均匀。难点：垫球数量超过9个	1.掌握夹臂、提肩、压腕的动作要领，上下肢协调，完成垫球且超过9个。2.通过学练，发展灵敏、协调、速度、力量等身体素质。3.培养克服困难的精神和合作意识	1.教师讲解练习方法及要求并示范完整动作。2.教师组织个人练习。3.教师巡视并进行个别指导。4.教师根据问题进行讲解并请优生示范或教师示范。5.学生两人一组比拼两脚交替垫球动作。6.教师点评指正、强化练习。7.学生分小组展示，评价	1.一抛一垫练习：学生四人一组，一人抛球，三人垫球，相距3～4米，再轮流交换抛球，主要体会抬臂动作和用力时力度的控制。2.自抛自垫球练习：两臂夹紧，控制好垫球的高度，调整脚步方位	

课时安排	学习内容	学习目标	基本实施过程	基础作业	评价标准
第11课时	足球脚背内侧踢球。重点：控制支撑脚的站位以及击球脚的击球部位。难点：动作舒展	1.学习脚背内侧踢球的技术，掌握脚触球的正确部位，培养对足球运动的兴趣。2.通过学练，发展灵敏、协调、速度、力量等身体素质。3.培养克服困难的精神和合作意识	1.教师讲解并示范动作。2.学生两人一组配合练习。3.教师巡视纠错	1.原地脚内侧球拨球。2.原地踩球。3.左右脚拉球。	足球脚背内侧踢球考核标准：甲：支撑脚与踢球脚触球位置准确，踢球脚踝关节稍外旋，脚背绷直，脚趾扣紧斜下指，动作协调。乙：支撑脚与踢球脚触球位置准确，踢球脚踝关节稍外旋，脚趾扣紧斜下指。丙：能够完成脚背内侧踢球动作，姿势基本正确。丁：无法完成脚背内侧踢球动作，不知道动作要领
第12课时	足球脚背内侧踢球。重点：控制好球的方向与力量。难点：摆动腿快速摆动、支撑脚方向准确	1.进一步学习脚背内侧踢球的技术，提高击球的能力，找准击球的方向，激发学习热情。2.通过学练，发展灵敏、协调、速度、力量等身体素质。3.培养克服困难的精神和合作意识	1.学生集体在教师带领下体会动作。2.学生分组练习。3.教师巡视纠错。4.学生进行3对3小场地比赛	1.原地荡球。2.向前或向后移动荡球。	
第13课时	足球脚背内侧踢球。重点：准确判断来球路线、击球速度以及来球方向。难点：触球时机以及方向	1.提高脚背内侧踢球的技术，掌握来球的路线以及脚击球的方向，能在学习活动中展现自我。2.通过学练，发展灵敏、协调、速度、力量等身体素质。3.培养克服困难的精神和合作意识	1.教师讲解考核标准及要求。2.学生配合完成。3.学生分组考核。4.教师反馈考核成绩	1.向前或后移动踩球。2.对墙踢球。	

续　表

课时安排	学习内容	学习目标	基本实施过程	基础作业	评价标准
第14课时	足球脚内侧传球。重点：控制好球的方向与力量。难点：摆动腿快速摆动、支撑脚方向准确	1.学习脚内侧踢球的技术，提高击球的能力，找准击球的方向，激发学习热情。2.通过学练，发展灵敏、协调、速度、力量等身体素质。3.培养克服困难的精神和合作意识	1.学生集体在教师带领下体会动作。2.学生分组练习。3.教师巡视纠错。4.学生进行5对5小场地比赛	1.原地脚内侧球拨球。2.原地踩球。3.左右脚拉球	足球脚内侧传球考核标准甲：支撑脚与踢球脚触球位置准确；踢球腿膝关节外展，用脚内侧击球的后中部，踢球腿与上体协调配合，踢球动作舒展。乙：支撑脚与踢球脚触球位置准确；踢球方向较准确、有力，踢球腿膝关节外展，用脚内侧击球的后中部。丙：能够完成脚内侧传球动作，姿势基本正确。
第15课时	足球脚内侧传球。重点：准确判断来球路线、击球速度以及来球方向	1.提高脚内侧传球的技术，掌握来球的路线以及击球的方向，能在学习活动中展现自我。2.通过学练，发展灵敏、协调、速度、力量等身体素质。	1.教师讲解考核标准及要求。2.学生配合完成。3.学生分组考核	1.原地荡球。2.向前或后移动荡球	

课时安排	学习内容	学习目标	基本实施过程	基础作业	评价标准
	难点：触球时机以及方向	3.培养克服困难精神和合作意识	4.教师反馈考核成绩		丁：无法完成脚内侧传球动作，不知道动作要领
第16课时	足球脚背正面射门 重点：摆臂有力，大腿带动小腿摆动。 难点：动作协调、有力，击球位置准备	1.学习脚背正面射门动作，全班90%以上的同学可以基本掌握脚背正面射门的基本动作。 2.通过学练，发展灵敏、协调、速度、力量等身体素质。 3.培养克服困难的精神和合作意识	1.学生集体在教师带领下体会动作。 2.学生分组练习。 3.教师巡视纠错	1.向前或后移动踩球。 2.对墙踢球	足球脚背正面射门考核标准 甲：支撑脚与踢球脚触球位置准确，射门准确，摆腿快速有力，脚背绷直，动作协调一致。 乙：支撑脚与踢球脚触球位置准确；射门较准确，摆腿快速有力，脚背绷直。 丙：能够完成脚背正面射门动作，姿势基本准确。
第17课时	足球脚背正面射门。 重点：跑动中脚背正面射门。 难点：快速跑动中支撑脚位置、击球的位置	1.掌握脚背正面射门动作并提高技术动作能力。 2.通过学练，发展灵敏、协调、速度、力量等身体素质。 3.培养克服困难的精神和合作意识	1.教师讲解并示范动作。 2.学生两人一组配合练习。 3.教师巡视纠错。 4.学生进行5对5小场地比赛	1.穿越障碍 2.踢准游戏	
第18课时	足球脚背正面射门 重点：动作准确。 难点：脚背正面射门技术动作协调	1.进一步掌握脚背正面射门动作，并且具有一定的稳定性，提高脚背正面射门的能力。	1.教师讲解考核标准及要求。 2.学生配合完成。 3.学生分组考核。 4.教师反馈考核成绩	1.穿越障碍。 2.踢准游戏	

课时安排	学习内容	学习目标	基本实施过程	基础作业	评价标准
		2.通过学练，发展灵敏、协调、速度、力量等身体素质。 3.培养克服困难的精神和合作意识			丁：无法完成脚背正面射门动作，不知道动作要领

篮球行进间双手胸前传接球微课案例

课题	篮球行进间双手胸前传接球
教材分析	传接球技术是篮球竞赛中运用最多的技术，是进攻队员在场上相互联系和组织进攻的纽带，其中双手胸前传接球是一种最基本、最常用的传接球方法，该方法具有准确性高、容易控制、便于变化等优点。传球由传球的持球手法、传球用力、球的飞行路线和球的落点四种要素组成。其中，传球用力是主要的，它决定了球的飞行路线、飞行速度和落点的准确性。及时的传球和准确的落点能给同伴创造良好的进攻机会，给防守者带来极大的威胁。所以只有学习行进间胸前双手传接球这一基本技术才能为今后学习篮球运动夯实基础
动作方法	行进间双手胸前传接球的动作结构与方法与原地双手胸前传接球动作的结构与方法基本相同。跑动中双手胸前传接球是一个连贯动作，传接球时手臂与脚步动作配合要协调，必须在中枢脚离地后又未落地前根据接球人的位置迅速、及时、准确地将球传出。其动作要求是：传球时，中枢脚离地后、落地前，根据接球人的位置、跑步速度，准确地将球传出。接球时，要求接球人跨步向前迎球
教学目标	1.让学生了解篮球并学习行进间双手胸前传接球的动作要领，并能用简单的语言描述，懂得篮球的基本规则。 2.通过学练，发展学生上下肢、腰腹力量及心肺功能，提高学生的协调性、灵敏性和耐力素质。 3.培养学生顽强拼搏、坚毅果断的意志品质以及互相配合的团队精神

教学重难点	重点：传球时，结合接球人的位置、速度和时机，准确地将球传出，做到人到球到；接球时，能迎球跨步接球。 难点：传接球动作与脚步协调配合，接球时跨步迎球	
学前准备	场地	篮球场
	器材	篮球若干、平板电脑8台、音响1台
	热身活动	熟悉球性练习： （1）各种姿势的原地运球。 （2）各种姿势的抛接球练习。 （3）颈、腰、膝的绕环
基本部分	1.复习原地双手胸前传接球。 （1）两人一球练习双手胸前传接球。 （2）两人两球练习双手胸前传接球。 （3）面对面在移动中练习双手胸前传接球。 2.微课学习行进间双手胸前传接球。 （1）教师讲解示范行进间传接球的动作要领。 （2）学生四人一组迎面交替传接球。 （3）学生自由组合，两人一组进行体验动作。 3.教师巡视指导，指出存在的问题。 （1）手脚配合不协调。 （2）传球的落点没有提前量。 4.学生根据教师提出的传接球要求进行探究学习。 5.三人制篮球赛规则： （1）每进两球为一局。（记录神投手、助攻王） （2）指导分组：六人为一组，每三人为一队，同组两队间进行比赛。 （3）教师与学生共同活动（当临时裁判或参与比赛）。 6.集合总结	
结束部分	1.拉伸练习。 要求：听音乐，跟随教师进行肩部、臂部、腰部、腿部的肌肉拉伸。 2.小结本课：表扬与鼓励	
保护与帮助建议	1.手腕与脚部的运动，左旋转一圈，右旋转一圈，让关节慢慢运动起来。篮球运动中，手腕、脚部的运用非常多，所以要特别注意。 2.进行手臂和大腿的拉筋，放松手臂和大腿肌肉，谨防练习强度上来后造成抽筋和损伤。 3.舒展头部，左10下，右10下，顺时针转三圈，逆时针转三圈	

续　表

评价标准	甲：传接球动作正确，传球速度快，准确率高。 乙：传接球动作正确，有一定的传球速度及准确率。 丙：传接球动作基本正确，能在行进间完成传接球

篮球体前变向换手运球微课案例

课题	篮球体前变向换手运球
教材分析	体前变向换手运球是篮球运球技术中的一项重要的基本技术。从实用性来讲，体前变向换手运球方法简单实用，具有动作迅速、易与其他动作衔接、能有效保护好球等特点，是篮球比赛中运用最广泛的运球突破技术；在发展身体素质方面，变向运球技术能够很好地锻炼学生的灵敏性、协调性等身体素质；学生还能利用这一技术摆脱防守而获得自信与成就感，培养超越对手的勇气与自信心。因此，提前变向换手运球技术具有较强的可学性与可教性。该技术的学习需要学生有一定的控球能力及手脚的协调配合能力
动作方法	右手运球向左侧变向突破时，突然改变球的方向，拍按球的右侧上方，使球从身体右侧弹向左前侧，右脚迅速向左侧前方跨出，上体左转、前倾并探肩，换左手按拍球的左后侧继续加速前进。动作要点：向左侧变向时，拍按球的右侧上方，把球运向身体左前侧；向右变向时，拍按球的左侧上方，把球运向身体的右前侧；跨步、转体、前倾、探肩等动作协调连贯
教学目标	1.让学生了解体前变向换手运球，在体验中感受"拍球变向、跨步转体、前倾探肩、换手加速"的动作方法，建立正确的动作概念。 2.通过学练，发展学生上下肢、腰腹力量及心肺功能，提高学生的协调性、灵敏性和耐力素质。 3.培养学生顽强拼搏、坚毅果断的意志品质以及互相配合的团队精神
教学重难点	教学重点：拍按球的位置准确，跨步、转体、前倾、探肩等动作协调连贯。 教学难点：手脚配合协调，节奏清晰
学前准备	场地	篮球场
	器材	篮球若干、平板电脑8台、音响1台

127

热身活动	1.熟悉球性练习。 2.各种姿势的原地运球。 3.各种姿势的抛接练习。 4.经颈、腰、膝的绕环
基本 部分	1.复习上一步换手运球。 提问：运球时重心与速度的关系是怎样的？ （1）集体练习交流体会。 （2）学生示范，教师点评。 2.体前变向换手动球动作要领：学生观看微课，学习体前变向换手运球。 变向运球动作快，运球高度要降低。 蹬跨转体探肩快，换手护球不能忘 3.学生进行原地运球练习。 （1）体前左右手交换运球。 （2）胯下"8"字运球。 （3）体后左右手交换运球。 4.体验变向运球。 5.学生根据上述三种方法自主选择进行练习。 6.教师巡视，个别指导与集体纠错相结合。 7.初露锋芒——学生根据教师的指导练习。 8.挑战自我。 9.教师小结及点评
结束 部分	拉伸练习。 要求：听音乐，跟随教师进行肩部、臂部、腰部、腿部的肌肉拉伸
保护 与帮 助建议	1.手腕与脚部的运动，左旋转一圈，右旋转一圈，让关节慢慢运动起来。篮球运动中，手腕、脚部的运用非常多，所以要特别注意。 2.进行手臂和大腿的拉筋，放松手臂和大腿肌肉，谨防练习强度上来后，造成抽筋和损伤。 3.舒展头部，左10下，右10下，顺时针转三圈，逆时针转三圈
评价 标准	甲：能流畅并有节奏地完成6次以上体前变向换手运球技术动作。 乙：能完成3～5次体前变向换手运球技术动作，控制球的运球方向。 丙：能基本完成1～2次体前变向换手运球技术动作

软式排球正面下手垫球微课案例

课题	软式排球正面下手垫球	
教材分析	软式排球重量轻、体积大、制造材料柔软、不易损伤手指，而且击出的球飞行速度较气排球慢，不易落地，学生玩起来趣味性强；正面下手双手垫球是排球中是最基本的技术动作，利用"一插、二夹、三抬"的动作可以提高学生传球质量，进一步提升学生排球水平	
动作方法	正对来球，成准备姿势。垫球前，两臂自然下垂，两手并拢，两拇指平行，两前臂尽量靠近；垫球时，两脚蹬地，两臂稍内收，利用伸膝、含胸、提肩、压腕的全身协调动作迎向来球，用前臂将球准确地垫击在击球部位。击球瞬间，两臂保持平稳，身体重心向抬臂的方向移动伴送球击出	
教学目标	1.通过教学，让学生说出所学软式排球基本技术动作的名称及术语，了解其基本锻炼价值；掌握正面下手垫球（"夹、插、抬"）的动作要领，垫球数量超过9个。 2.通过学练，发展学生上下肢、腰腹力量及心肺功能，提高学生的协调性、灵敏性和耐力素质。 3.培养学生顽强拼搏、坚毅果断的意志品质以及互相配合的团队精神	
教学重点难点	重点：夹臂、提肩、压腕、垫球的部位准确。 难点：判断准确，上下肢协调	
学前准备	场地	排球场
	器材	排球若干、平板电脑8台、音响1台
	热身活动	趣味队列练习（动态）：跑步解散、集合 1.教师讲解跑步解散、集合的方法及要求。 2.教师口令指挥学生练习队列跑步、解散、集合。 提示：跑步解散，分别成2人横队、4人横队、5人纵队集合。 要求：小步慢跑、快速反应、队伍整齐

基本部分	1.学习微课完整动作及示范动作。 2.准备姿势与移动。 要求：准备姿势的两脚、两膝、两手的位置正确，视来球的远近调整位置，重心降低并落于前脚掌处。 3.并步移动。 要求：注意力集中，移动迅速，两眼始终注视来球的飞行路线并准备判断落点。 4.跨步移动。 要求：注意力集中，身体重心移动迅速，降低重心。 5.正面下手垫球。 动作准备：在垫球前，两臂自然下垂，两手并拢，两拇指平行，两前臂尽量靠近；垫球时，两脚蹬地，两臂稍内收，利用伸膝、含胸、提肩、压腕的全身协调动作迎向来球，用前臂将球准确地垫击在击球部位。击球瞬间，两臂保持平稳，身体重心向抬臂的方向移动伴送球击出。 6.（微课学习）引导学生总结动作要领。 7.学生分小组进行纠错练习，教师巡视指导。 8.优生示范展示，教师点评总结。 9.垫球比赛（30秒钟自垫，比谁垫得多）。 （1）示范游戏。 （2）指挥游戏。 （3）游戏讲评
结束部分	拉伸练习。 要求：听音乐，跟随教师进行肩部、臂部、腰部、腿部的肌肉拉伸
保护与帮助建议	1.手腕与脚部的运动，左旋转一圈，右旋转一圈，让关节慢慢运动起来。排球运动中，手腕、脚部的运用非常多，所以要特别注意。 2.进行手臂和大腿的拉筋，放松手臂和大腿肌肉，谨防练习强度上来后，造成抽筋和损伤。 3.舒展头部，左10下，右10下，顺时针转三圈，逆时针转三圈
评价标准	甲：垫球手形正确，垫得准、稳，上下肢协调用力，动作协调、连贯。 乙：垫球手形正确，垫球较稳定，上下肢协调、连贯。 丙：垫球手形基本正确，垫球较稳定，动作较协调。 丁：垫球手形不正确，垫球不稳定，动作不协调。 注：男生≥9个，女生≥9个

脚背内侧踢球微课案例

课题	脚背内侧踢球		
教材分析	脚背内侧踢球是中远距离射门和传球的重要方法之一，是在水平二的基础上继续学习的，技能的学习也由脚内侧传球过渡到脚背内侧踢球。通过练习，发展学生柔韧、协调、力量等身体素质，充分激发小学生参与活动的积极性和主动性，提高学生的综合素质，培养学生的竞争意识和团结合作的精神		
动作方法	斜线助跑，助跑方向和出球方向约成45度角，支撑脚踏在球后侧，脚趾指向出球方向，膝关节微屈，眼睛看球，重心稍倾向支撑脚一侧。在支撑脚踏地的同时，踢球腿以髋关节为轴，大腿带动小腿由外后向前内略呈弧线摆动，膝踝关节稍外旋。当膝关节摆至接近球体的内侧上方时，小腿加速前摆。击球时，膝关节向前顶送，脚背绷直，脚趾扣紧斜下指，以脚背内侧击球的后中下部。击球后踢球腿顺势前摆落地		
教学目标	1.通过学习脚背内侧踢球技术动作，使学生了解脚背内侧踢球的技术原理及其在足球运动中的作用，建立脚背内侧踢球的动作概念，正确掌握脚内侧踢球的动作要领。 2.通过学练，发展学生上下肢、腰腹力量及心肺功能，提高学生的协调性、灵敏性和耐力素质。 3.培养学生顽强拼搏、坚毅果断的意志品质以及互相配合的团队精神		
教学重难点	教学重点：支撑脚的站位，踢球脚踝关节稍外旋，脚背绷直，脚趾扣紧斜下指。 教学难点：支撑腿、踢球腿与上体的协调配合，踢球动作舒展		
学前准备	场地	足球场	
	器材	足球若干、平板电脑8台、音响1台	
	热身活动	1.慢跑。 2.热身操。 （1）头部运动。 （2）扩胸运动。 （3）俯背转体运动。	

热身活动	（4）正弓步运动。 （5）膝关节运动。 （6）手腕脚踝运动
基本部分	1.（微课学习）引导学生总结动作要领。 2.我踩你踢。 动作要领：两人一组，脚内侧贴上大头贴，一人踩球，另一人做踢球动作。踢球时用脚背内侧大头贴的位置踢球的后中部，两人交替进行。 动作重点：保持脚踝紧张，脚形固定。 3.两人传球。 动作要领：两人一组，相距5～10米距离，斜线助跑用脚背内侧快速对踢球，强化脚背内侧踢球的准确性。 动作重点：站位准确，脚法正确。 4.踢九宫格比赛。 规则：每人按射门分数得分，未射进者排队继续射门但不得分，用时短得分高的为胜者，男女组各取第一名。 5.移动转盘游戏。 动作方法：分小组进行移动转盘游戏，持球者用脚背内侧踢球的方式击中移动的目标。每击中一次得一分，看看哪一组得分最多。 动作重点：步点准确，摆腿快速有力，动作连贯。 6.攻垒。 动作方法：每名队员各设一个小球门，相互用脚背正面射门的方式攻对方小门。如果防守方被射进小门，输一分。指定时间分高者胜。 动作重点：步点准确，摆腿快速有力，动作连贯。 7.教师小结学习和比赛情况
结束部分	拉伸练习。 要求：听音乐，跟随教师进行肩部、臂部、腰部、腿部的肌肉拉伸
保护与帮助建议	预计：难以掌握支撑脚与脚触球位置。 处理：反复练习找到支撑脚与踢球脚触球位置
评价标准	甲：支撑脚与踢球脚触球位置准确，踢球脚踝关节稍外旋，脚背绷直，脚趾扣紧斜下指，动作协调。 乙：支撑脚与踢球脚触球位置准确，踢球脚踝关节稍外旋，脚趾扣紧斜下指。 丙：能够完成脚背内侧踢球动作，姿势基本正确。 丁：无法完成脚背内侧踢球动作，不知道动作要领。

脚内侧传球微课案例

课题	脚内侧传球		
教材分析	脚内侧传球是足球的基本技术之一，属于学段水平二中的体育与健康课程，通过练习，可发展学生柔韧、协调、力量等身体素质，还可以充分激发小学生参与活动的积极性和主动性，提高学生的综合素质，培养学生竞争意识和团结合作的精神		
动作方法	直线助跑，支撑脚落在球侧15厘米处，膝关节微屈，脚尖指向出球方向，踢球腿以髋关节为轴后向前摆动，摆动过程中膝关节弯曲外展，脚尖微翘，脚掌与地面平行，用脚内侧击球的后中部，用敲击或推送的方式将球击出		
教学目标	1.通过学习脚内侧传球技术动作，使学生了解脚内侧传球的技术原理及其在足球运动中的作用，建立脚内侧传球的动作概念，正确掌握脚内侧传球的动作要领。 2.通过学练，发展学生上、下肢，腰，腹力量及心肺功能，提高学生的协调性、灵敏性和耐力素质。 3.培养学生顽强拼搏、坚毅果断的意志品质以及互相配合的团队精神		
教学重难点	教学重点：支撑脚的站位，踢球腿膝关节外展，用脚内侧击球的后中部。 教学难点：支撑腿、踢球腿与上体的协调配合，踢球动作舒展		
学前准备	场地	足球场	
	器材	足球若干、平板电脑8台、音响1台	
	热身活动	1.慢跑。 2.热身操。 （1）头部运动。 （2）扩胸运动。 （3）俯背转体运动。 （4）正弓步运动。 （5）膝关节运动。 （6）手腕脚踝运动	

基本部分	1.（微课学习）引导学生总结动作要领。 （1）我踩你踢。 动作要领：两人一组，脚内侧贴上大头贴，一人踩球，另一人做踢球动作。踢球时用脚内侧大头贴的位置踢球的后中部，两人交替进行。 动作重点：控制支撑脚的站位以及击球脚的击球部位。 （2）两人进行脚内侧传球。 动作要领："穿越障碍"两人一组，相距2～3米，直线助跑用脚内侧快速对踢球，强化脚内侧踢球的准确性。 动作重点：控制好球的方向和力量。 （3）踢固定标志物。 动作要领：分小组进行脚内侧踢准游戏，控制好球的方向与力量，摆动腿快速摆动。 动作重点：摆动腿快速摆动，支撑脚放下准确。 （4）踢移动标志物。 动作要领：分小组进行脚内侧踢准游戏，控制好球的方向与力量，摆动腿快速摆动。 动作重点：触球时机以及方向。 2.游戏：运球接力。 方法：学生分成人数相等的4队，成纵队站立在起点线后，带球绕过所有凳子后，就可以抢占其他队伍的凳子，占凳子最多的队获胜。 教师讲解游戏方法和规则。 （1）脚内侧带球绕过凳子。 （2）球在中途掉了须捡回来原地再带。 （3）抢到凳子坐下时手和脚不能故意伸出去妨碍对方同学。 3.组织学生练习。 4.师生同评。 5.拓展训练。 （1）对对碰。 动作方法：用脚内侧踢球，以另一个球为击中目标，来回进行练习。 动作重点：动作流畅。 （2）行进间传球。 动作方法：两人一组按照标志筒方向用脚内侧传球。 动作重点：提前预判来球位置，动作流畅
结束部分	拉伸练习。 要求：听音乐，跟随教师进行肩部、臂部、腰部、腿部的肌肉拉伸

保护与 帮助建议	1.进行手臂和大腿的拉筋，放松手臂和大腿肌肉，谨防练习强度上来后，造成抽筋和损伤。 2.舒展头部，左10下，右10下，顺时针转三圈，逆时针转三圈
评价标准	甲：支撑脚与踢球脚触球位置准确；踢球腿膝关节外展，用脚内侧击球的后中部，踢球腿与上体的协调配合，踢球动作舒展。 乙：支撑脚与踢球脚触球位置准确；踢球方向较准确、有力，踢球腿膝关节外展，用脚内侧击球的后中部。 丙：能够完成脚内侧传球动作，姿势基本正确。 丁：无法完成脚内侧传球动作，不知道动作要领

脚背正面射门微课案例

课题	脚背正面射门
教材分析	脚背正面射门是水平三的学生必须掌握的教学内容之一，是在脚背正面踢球的基础上来学习和掌握脚背正面射门，教学的重点为熟悉脚背正面射门的技术动作，以提高学生射门的能力
动作方法	直线助跑，支撑脚踏在球侧10~15厘米处，踢球腿以髋关节为轴，摆幅大，以大腿带动小腿加速前摆。踢球脚触球一刹那，脚背绷直，脚趾扣紧，以脚背正面击球的中部
教学目标	1.通过学习脚背正面射门，了解脚背正面射门的技术原理及其在足球运动中的作用，建立脚背正面射门的动作概念，使学生能正确掌握脚背正面的动作要领。 2.通过学练，发展学生上下肢、腰腹力量及心肺功能，提高学生的协调性、灵敏性和耐力素质。 3.培养学生顽强拼搏、坚毅果断的意志品质以及互相配合的团队精神
教学重点 难点	教学重点：支撑脚位置、脚触球的位置。 教学难点：摆腿快速有力，脚背绷直，动作协调一致

学前准备	场地	足球场
	器材	足球若干、平板电脑8台、音响1台
	热身活动	1.慢跑。 2.热身操。 （1）头部运动。 （2）扩胸运动。 （3）俯背转体运动。 （4）正弓步运动。 （5）膝关节运动。 （6）手腕脚踝运动
基本部分		1.（微课学习）引导学生总结动作要领。 （1）我踩你踢。 动作要领：两人一组，脚背正面贴上大头贴，一人踩球一人助跑一步或者三步踢触球。 动作重点：支撑脚踏在球侧后方，脚背正面击球后中部。 （2）两人脚背正面踢球。 动作要领：两人一组，相距5～10米，直线助跑，进行脚背正面传球练习，强化脚背正面踢球的准确性。 动作重点：触球部位准确与脚背绷直。 （3）射门练习。 动作要领：分小组进行射空门练习，直线助跑，助跑最后一步的步幅要大。 动作重点：摆腿快速有力，脚背绷直。 2.技术运用：结合战术的脚内侧射门练习。 3.5对5小场地比赛。 要求：准确判断，快速选位，动作连贯，抢点击球。 4.拓展练习。 （1）移动转盘。动作方法：分小组进行移动转盘游戏，持球者用脚背正面踢球击中移动的目标。每击中一次得1分，看看哪一组得分最多。 动作重点：步点准确，摆腿快速有力，动作连贯。 （2）攻垒动作方法：每名队员各设一个小球门，相互用脚背正面射门的方式攻对方小门。如果防守方被射进小门，输1分，指定时间分高者胜。 动作重点：步点准确，摆腿快速有力，动作连贯
结束部分		1.学生进行拉伸练习。 2.教师小结本次课完成情况。 要求：听音乐，跟随教师进行肩部、臂部、腰部、腿部的肌肉拉伸

续　表

保护与 帮助建议	1.进行手臂和大腿的拉筋，放松手臂和大腿肌肉，谨防练习强度上来后，造成抽筋和损伤。 2.舒展头部，左10下，右10下，顺时针转三圈，逆时针转三圈
评价标准	甲：支撑脚与触球脚位置准确，射门准确，摆腿快速有力，脚背绷直，动作协调一致。 乙：支撑脚与触球脚位置准确，射门较准确，摆腿快速有力与脚背绷直。 丙：能够完成脚背正面射门动作，姿势基本准确。 丁：无法完成脚背正面射门动作，不知道动作要领

第四章

体育微课的应用案例

04

基于微课的翻转课堂模式在
体育教学中的实验研究

罗秋兰

随着教育教学领域的快速发展，教学方法也逐渐出现了微课、翻转课堂、慕课等现代化教学模式，体育教学也正是在这种大环境下被不断创新的。体育教学不同于其他学科，体育教师在传统教学中既要做好技术动作的示范，又要兼顾技术动作理论知识的讲解，在有限的上课时间内，教师不能保证同时提高学生身体素质和教学效果。翻转课堂模式的出现恰好为体育教学开辟了一条新的思路，而翻转课堂的"翻转"主要依赖于微课。因此，以体育课为载体，探索研究基于微课的翻转课堂模式在体育教学中的实际应用是很有必要的。基于微课的翻转课堂模式在体育教学中的运用主要是将某个技术动作以更直观、更细致的微视频形式展示给学生，使学生在课前对下次课所要学习的内容进行初步了解并有所掌握，或者是让学生对已学过的比较复杂、未掌握好的技术动作进行更加细致的学习和练习。如何在体育教学中实施翻转课堂模式？在提倡体育教学改革的今天，对这一问题的探讨无疑是有价值且意义深远的。

一、微课与翻转课堂

微课是将教师在课堂内外教学中重要的知识点或教学环节以视频的方式进行呈现的一种新型教学资源，它是一种碎片化、重点突出、交互性强并且可重复利用的教学资源，能够让学生随时随地进行学习。翻转课堂模式是教师运用信息技术手段制作相应的微课分享给学生，学生在课前利用教师制作的微课和材料自主完成知识构建，以及教师通过网络社交平台为学生提供辅助学习和交流的机会，然后回到课堂中师生和生生之间进行探究、互动和分享成果，帮助学生实现知识的内化学习的一种新型教学模式。与传统的课堂教学模式不同，在翻转课堂模式下，学生在家完成知识的学习，课堂变成了教师和学生之间以及学生与学生之间互动的场所，也变为学生消化知识的场所，从而达到更好的教育效果。

二、基于微课的翻转课堂模式实施步骤

教学模式不是一个固化的流程，更不是一张复杂的表格，而是针对具体的知识点类型和教学环节，对学与教的基本理论的合理运用。我们按照微课翻转课堂的构建模式，针对中小学体育课程的教学特点，设计了基于微课的翻转课堂模式在体育教学中的实施步骤，包括课前学习资源的准备阶段、课中知识内化阶段和课后反馈总结评价阶段三个基本部分。

课前阶段：教师根据教学内容和学生特点将教学目标分为若干相联系的知识点进行微课制作。制作过程中，教师在讲解技术动作原理的同时要注意对技术动作细节部分的展示，强调动作的重点、难点以及标准；在上传微课时要选择学生比较熟悉的网络软件，以确保所有学生都能通过观看微课进行自主学习；针对学习中发现的问题，可以通过在线讨论引导学生完成此阶段的知识获得。

课中阶段：教师组织学生进行学习成果的自我展示，对发现的错误动作及时纠正；学生通过教师的精讲、组织讨论和自身有效的练习逐一解决练习

中遇到的问题。学生在这个阶段能充分发挥主观能动性，得到具体的有针对性的指导，实现技术动作内化。

课后阶段：总结评价学生在练习过程中易犯的错误动作、练习的态度和效果等问题，进一步修改完善微课内容，调整翻转课堂模式中的教学环节。同时，学生反思评价在课堂上讨论和练习过程中对技术动作的掌握情况，在总结反思与评价过程中完成对知识和技能的巩固。

三、基于微课翻转课堂模式在体育教学中的实验研究

（一）研究设计

1. 研究对象

本次实验选取我校五年级两个班的110名学生为样本，分为实验组一和实验组二。实验组一（简称A1）以翻转课堂模式开展体育教学，实验组二（简称A2）以传统教学模式开展体育教学，两个班由同一名教师授课，A1、A2的学生分别是55人、55人，平均年龄为11岁，且两个班在上一次体育素质测试中平均成绩相近。

2. 研究方案

以中小学体育课程中跪跳起的学习内容为教学案例，检验基于微课的翻转课堂模式在体育教学中的可实践性以及对体育类技术教学课程应用的有效性。在教学实践过程中，运用问卷和访谈的调查方法，通过分析收集的数据了解学生对新教学模式的适应度和认可度。实验前，教师要做好翻转课堂所需的微课和传统课堂的备课。微课是保证翻转课堂模式顺利进行的重要资源，制作时要仔细认真。

（二）研究流程

首先，对两组学生进行体育素质的测试和学习态度的调查，然后在确保两个实验组具备相同技能的前提下进行教学。A1以翻转课堂模式进行教学，A2以传统课堂教学模式进行教学。在对A1与A2分别进行为期6课时的教学后，对这两个实验组进行一次阶段性的体育技能测试，进行实验数据分析，

再以访谈调查的形式对学生的体育学习态度进行了解。（图4-1）

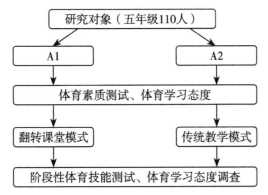

图4-1　实验流程图

1. 实验前期调查

（1）体育学习现状访谈

为了解学生对体育学习的态度，教师通过访谈的形式对两个班级的学生进行了访谈调查。在对"你喜欢上体育课吗？"的回答中，有80%的学生选择了"很喜欢"和"较喜欢"，有20%的学生选择了"一般"。在对"你认为上体育课就是什么？"的回答中，有32%的学生选择了"学习体育技能"，有43%的学生选择了"体育锻炼"，有25%的学生选择"相当于自由活动"。在对"你认为学习体育技能和训练方法难吗？"的回答中，有65%的学生选择了"很难"和"较难"。通过数据分析，我们可以看出，学生对体育知识技能的学习积极性不高，缺乏学习自主性。

（2）学生家庭环境调查

前期调查发现，实验中的学生均为走读生，家庭条件比较好，基本上家中都具备电脑，学生都可以利用网络在家观看教学视频，进行课前学习。

（3）学习平台选择

在基于微课的翻转课堂模式中，学生对于知识的学习并不是通过课堂实现的，而是在课外观看教学视频。在本次研究中，翻转课堂模式的教学平台是QQ群。一个普通的QQ群可以容纳最少200人，它的功能很完善，不仅可以多人语音聊天，还可以在线观看视频，教师可以直接使用这个功能进行远程课堂教学。在这个平台中，学生不但可以观看教学视频，而且可以和同学、教师交流、讨论，这有利于教学活动的顺利进行。

2. 微课的录制

微课的制作是保证基于微课的翻转课堂模式得以顺利实施的重要步骤。根据学生的认知特性，将"跪跳起"分解为6节，将每一节的分解示范制作成视频（时长均短于8分钟），让学生在课前通过QQ群在线观看，或通过群共享文件下载学习。

（三）实践效果

在完成基于微课的翻转课堂模式在体育教学中实践后，我们通过对学生进行随机访谈和网络调查问卷了解学生对此模式教学效果的认可度。调查结果显示，56%的学生认为课前制作的微课精彩，68.2%的学生认为此模式有利于促进自主学习、协作学习和解决问题等多种能力的发展，75%的学生认为此教学模式有利于更具体、更直观地掌握复杂的技术动作以及提高学习效果。与传统体育教学模式相比，基于微课的翻转课堂模式取得了较显著的实验效果，但实验中教师也发现了一些问题：部分学生的自主学习能力相对较差；微课的设计和制作以及各个教学环节还需要不断完善。

（四）实验流程

教学过程包括课前自主学习和课堂知识内化。在课前自主学习环节，首先，学生在课前完成对每节跪跳起技术动作的自主学习，发现问题，观看视频，自主探究。其次，学生在QQ平台上进行自主交流，师生讨论；建立小组讨论，收集问题。在课堂知识内化环节，学生提出问题，教师集中讲授、解答疑惑。在问题集中解决完之后，教师布置任务，学生完成作业；小组完成作业后，通过组间交流互动，评价作业。在课堂活动结束后，利用剩余时间，教师与学生共同总结本节课所学知识，并进行延伸。翻转课堂的教学过程如图4-2所示。

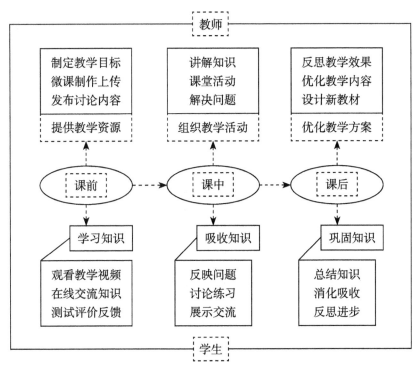

图4-2　翻转课堂的教学过程

四、研究结果与分析

结合体育技能测试成绩和问卷调查，教师对研究结果进行了分析。

1. 技能测试成绩分析

本次实验研究对象的前测总成绩平均分非常接近，因此，两组的体育素质可视为相当。实验教学后对学生的跪跳起学习情况测试结果见表4-1。

表4-1　学生的跪跳起学习情况测试结果

实验组	90分以上（包括90分）	80～89分（包括80分）	70～79分（包括70分）	60～69分（包括60分）	60分以下
A1	21人	17人	8人	6人	3人
A2	11人	14人	16人	8人	6人

从学生测试成绩人数分布情况来看，开展翻转课堂的实验组A1成绩分布以90分以上（包括90分）和80～89分（包括80分）居多，而开展传统教学的实验组A2成绩分布以80～90分（包括80分）和70～79分（包括70分）居多，而且后者多于前者。这说明，A1组中学生掌握动作技能更牢固透彻，比起A2组，A1组明显在各个层次得分都很高，低分率较低。因此，从成绩上可以看出，在体育教学中开展翻转课堂模式，不仅为学生提供了更为自由的学习空间，而且提高了学生体育学习的积极性和对所学内容的掌握程度。

2. 问卷调查结果分析

在教学开展后，通过问卷调查对学生的课堂练习情况和学生对体育学习的接受度两方面进行对比分析。值得注意的是，在课堂练习时间方面，翻转课堂模式为师生之间的交流提供了更多的时间和空间，使学生获得了更多的课堂练习时间，这对于动作技能的直观学习有直接的帮助。而在传统教学模式中，有超过70%的学生认为在课堂上练习的时间太少，无法及时发现问题并解决问题，对动作技能的掌握只局限于教师的简单讲解，对于重点动作的学习并不能及时消化。（图4-3）

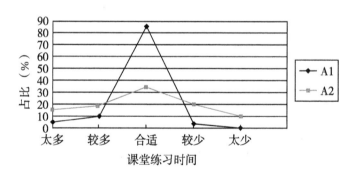

图4-3　课堂练习情况分析

在对学生的体育学习态度的调查问卷中，A1组有75%学生的态度是积极的，而A2组只有35%学生的态度积极。导致这种情况出现的原因是：很多学生认为传统教学模式中教师讲的内容太多且快，消化不了，导致很多体育技能不理解且难以掌握，同时缺少时间和同学或教师进行充分的交流，导致不理解的内容越来越多，不懂的仍然不懂。但翻转课堂很好地解决了这些问题，它让学生有充足的时间和教师或同学交流，不理解或没有掌握的体育技能可以通过再次观看微课加以巩固。因此，学生的学习自主性得到了提高，学习态度更加积极。（图4-4）

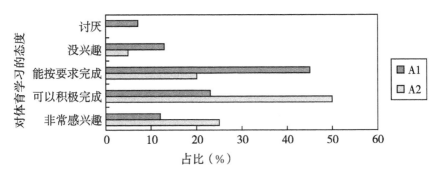

图4-4　不同实验组的学生对体育学习态度分析

体育翻转课堂的重点不在于体育教师自制相关的体育理论授课与练习视频，而在于如何有效地运用体育理论课堂上的互动时间。对于一般性体育理论知识，体育教师要鼓励学生自主学习，而将面对面的时间用于解决个别体育理论问题。体育翻转课堂不是一种固化的模式。比如，体育微课不一定非要教师自己制作，互联网"云"中的体育文本、课件、视频、讨论都是体育教学的资源；学生自学体育不一定都在家里，校内、校外都可以是学生体育学习的舞台。

五、小结

实验结果表明，在体育教学中，基于微课的翻转课堂模式相较于传统课堂教学更有利于提高学生的主动性，增加师生的交流，为学生提供一个展现自我的平台，使教师的教学和学生的学习更加高效。基于微课的翻转课堂模式作为一种新的教学模式，经过体育教学实践证明，对提升学生的学习能力是有明显效果的。但是，体育教学又有别于其他学科教学，学生对技术动作的学习不仅要理解动作要领，还要在身体上形成一定的动作定型。因此，要真正发挥该教学模式的效果和优势，需要学生有很强的自觉性的同时，对教师的微课制作和教学环节的设计提出了更高的要求，在以后的教学过程中还需要不断尝试和探索。

运用微课提升小学体育教学质量的分析研究

王 聪

一、研究意义

体育这一专业性学科作为国家教学课程，是学生从小便接触的一门必修课，它有利于学生健康成长。学生通过对体育学科的学习，能增强体质，提高生理健康水平。学生经常参加体育娱乐、训练、竞赛还能强化合作竞争意识，培养团队协作、乐观向上的精神，磨砺意志品质，等等。

在体育课堂教学过程中，由于受场地、器材及教师专业特长等方面的限制，有些技术动作仅凭教师实操是无法在课堂上清晰、完整、准确地呈现的，简单枯燥的讲解使得学生很难建立起清晰稳定的动作概念。例如，跨越式跳高实践授课，教师凭借多年的经验，可将完整的技术分解为助跑、起跳、过杆、落地四个片段进行示范，但该示范方法缺乏连贯性，客观因素致使教师无法将整套动作清晰、完整、多角度地展示出来，致使学生的直观表象很难建立。这时补充微课教学，再辅以教师的讲解，有助于学生形成完整的动作概念。再如，在100米短跑教学中，可将奥运会男子百米比赛画面加入微课，通过慢放、回放，让学生清晰了解运动员全身如何协调运动——头、躯干在运动时的状态，双臂摆动以及双腿蹬伸、折叠、着地、缓冲等一系列动作。通过观看微课，学生在大脑中形成对技术动作的初步印象，便于在学习训练中快速掌握技术动作。

微课对体育教学的意义不仅仅是一段小小的视频，其要义在于辅助学生把教师的动作表象定格、放缓，让学生知道起跳、过杆时的空中姿态如何协调变化，短跑时全身各部分如何协调用力……使得学生在脑海中建立起一个清晰稳定的动觉，再通过一次次反复练习，掌握所要学习的动作要领，达到事半功倍的效果。同时，微课短小精悍，易于传播，既可以在课堂上通过大屏幕播放，也可以通过网络平台传播，学生通过手机、平板电脑等移动设备，可以随时对体育微课进行储存、浏览、学习。

二、中小学体育教学中运用微课的优势

1. 有利于解决教师的偏项问题

科学合理地应用微课教学手段能够促使学生对体育项目形成更为完整的认识，同时有利于解决教师由于性格、领悟力、爱好以及年龄等多方面因素所产生的体育授课偏项问题。部分体育动作适合男性做，而部分体育动作则适合女性做，有的适合年轻教师做（如跳远、跳高以及三级跳等）。有的教师个人喜欢的项目会多教多练，而个人不喜欢的内容则少教少练。教师正确应用多媒体技术，不仅能够在一定程度上解决偏项问题，还能够将重难点内容通过微课的形式予以展现，通过暂停、慢放等方式来促进学生对于体育项目的深度理解，提高学生群体的学习积极性。

2. 有助于为学生提供更准确的动作示范

正确应用微课教学能够为学生群体带来更为准确的动作示范。微课主要以教学视频为核心载体，将教师的具体授课过程通过视频予以播放，让学生能够随时随地开展相应的体育学习活动。由于小学生的年龄较小，常常无法在短时间之内掌握动作的具体要领，并且诸多体育项目的完成速度过快，教师无法中途停下为学生讲解，这就更容易使学生无所适从。例如，在为学生讲解立定跳远蹬地腾空动作的时候，讲解示范加速跑摆臂及蹬地动作时候，教师是无法在空中停顿的，因此也就无法为学生讲解摆臂以及屈腿、腾空等动作。这就会使学生无法进行更全面直观的观察，课堂教学效果大打折扣。

而如果教师能够正确应用微课教学手段，就完全可以将立定跳远的示范动作融入其中，通过慢放以及暂停的手段来促使学生了解空中摆臂以及屈腿状况，帮助学生形成更为完整的规范动作，促进其高效学习。

3. 有助于更为规范地讲解、纠正学生错误

微课的有效辅助能够使体育动作及概念更为直观地呈现在学生的眼前，将动作放慢或边讲解边示范或回放，有助于让学生在观看的过程中模仿对比。例如，教学投掷垒球时，需要让学生领悟投掷角度，教师篮球投篮时出手的角度和拨球后空中旋转等动作的讲解示范，此类动作均是瞬间完成的，教师的示范难以帮助学生更为清晰准确地理解和掌握具体角度；这些动作的技术性知识点以及重难点单靠教师枯燥的讲解和简短的示范，难以被学生理解和掌握。利用微课的动作示范与讲解，可以通过将动作暂停、慢放、回放等来帮助学生形成对瞬间动作的深度认识。另外，学生在自主学习时可以边练边看视频来对比自己的动作，有助于纠正自己的错误。这样一方面可以激发学生的学习兴趣；另一方面可以使学生领会到教师难以示范的动作的具体方法，有效促进学生通过科学的方法来解决相应的学习问题。

4. 有助于为学生创设更为优质的教学情境

微课通过图片、音频以及视频相互结合的形式，以视觉以及听觉上的冲击来为学生具象化体育教学项目，从而创设出更为优质的教学情境，进而可以有效地集中学生注意力，提高学生兴趣。例如，在课堂的导入部分运用微课，通过启发、引导、质疑等，创设教学情境，渲染学习气氛，带领学生轻松愉快地进入课堂学习。在游戏比赛中运用微课，通过激烈的比赛场景，激发学生的竞争意识，培养学生勇于拼搏的意志品质。再如，在教学障碍跑的时候，面对障碍物，部分学生可能存有恐惧心理，这时候教师可以利用微课来为学生播放一段动画"为我校趣味运动会选取运动小健将"（动画内容可以是多个学生不断尝试不断竞争最终取得胜利的画面），以此来帮助学生体会克服困难、获取成功的喜悦，体会运动的乐趣。这样可以极大地促进学生学习兴趣的提升，还能够营造出更为开放活跃的课堂氛围。

三、结论

教师在选择和制作微课时要做到精心选择，认真备课录制，否则就实现不了高效课堂的目标。这对体育教师提出了更高的要求，其中包括对教师教育信息技术的使用及教育信息化和体育学科整合能力的要求。体育教师不仅要会选择资源，利用资源制作高水平的微课，还要使制作的微课适合本班学生实际。体育教师必须顺应教育信息化时代发展的要求，不断加强学习，与时俱进。所以，在体育教学中应用微课必然刺激教师主动学习，促进其专业成长。随着教育信息化的进一步发展，微课资源将更加丰富。教师的交互沟通，可使更多的教学资源整合在一起，实现微课与线上资源的共享。这些优秀的微课在网络上广泛传播，可供更多的学习者学习使用，到那时微课在体育教学中的作用将会更为显著。

微课在体育教学中运用前景可观，对体育教学质量的提升具有重要作用。微课不仅适用于在线学习，也适用于线下学习，是一个很好的教学资源。因此，我们要开发好、利用好微课。微课可虚拟课堂教学，细化教学环节，高效地再现技术动作。教师对微课制作、研究、应用，对促进自身的专业成长等有很大帮助。当然，在微课使用中要做到选择准确，在设计与制作上要精益求精，在应用上要做到科学合理，只有这样才能更好地发挥微课在体育教学中的最大作用。

体育翻转　微课来帮

——基于微课构建小学体育翻转课堂的实践对策

张　坤

体育课程作为小学教育的重点课程，在学生的身心健康与全面发展中发挥着重要作用。21世纪以来，随着教育理论研究的不断深入以及现代教育技术的持续发展，小学体育教学形态发生了巨大的变化，信息技术在小学体育教学中发挥着越来越重要的作用。翻转课堂是信息时代小学体育教学的新型课堂，该形式的课堂打破了以往体育教学中学生主体地位不明显、学习积极性不高的局面，在小学体育深入开展中发挥着重要的作用。微课作为新型的课程资源，在翻转课堂的构建中发挥着重要的作用。因此，教师可以以微课来构建翻转课堂，提升体育教学效果。

一、翻转课堂与微课的概念及联系

1. 翻转课堂的概念

翻转课堂也称反转课堂或颠倒课堂，是信息时代的一种新型课程模式。翻转课堂以教与学的翻转为核心，主要内容包括以下三点：第一，课堂重心的翻转。翻转课堂的教学从传统的"以教定学"转变为"以学定教"。第二，师生关系的翻转。翻转课堂下，学生成为课堂的主体，教师则是学生学习的组织者与引导者，这极大地增强了学生学习的主体性。第三，课内课外的翻转。传统的课堂教学以课内为教学主阵地，课外则是学生巩固、吸收以及教师答疑、解惑的场所。翻转课堂使课内、课外的功能发生了巨大翻转，课外成为学生学习的主阵地，课内则是巩固、强化以及答疑、解惑的场所。

2. 微课的概念

微课是一种以信息技术为核心，以数字化资源为载体的新型课程资源。微课的特点主要有三个：首先，微型性。微型性是微课的基本特点，也是微课之所以称为微课的原因。微课以微视频为核心资源，微视频的长度一般为1~5分钟，部分较长的微视频可能达到10分钟。其次，针对性。微课多围绕某一个知识点，如教学重点、难点制作，具有很强的针对性，这使得微课在课程教学中具有定向突破的作用，能够强化学生对相关知识的学习效果。最后，多样性。微课包含多种类型，依据标准的不同，微课的分类也有多种。

3. 翻转课堂与微课的联系

从本质上讲，翻转课堂与微课属于不同的范畴。翻转课堂是一种课堂形式，而微课则属于课程资源的范畴。但是，翻转课堂与微课又有着内在的联系。首先，二者均是教育信息化的产物。21世纪以来，随着信息技术的不断发展，我国教育信息化取得了长足的发展。教学信息化是教育信息化的核心内容。翻转课堂是课堂教学层面整体信息化的产物，微课是课堂教学资源层面信息化的产物。其次，二者相辅相成。翻转课堂以学生的课前自学为要求，而微课则为学生的课前自学提供了资源，可以提高学生课前自学的针对性，同时，翻转课堂为微课教学价值的实现创造了条件。

二、以微课构建小学体育翻转课堂的对策

1. 依托教学内容开发微课资源

微课资源的开发是以微课构建小学体育翻转课堂的先决条件，为此，要做到以下三点：首先，提升制作水平。微视频是微课的核心，教师要从画面清晰、声画同步等角度提升微课制作水平，为微课的应用夯实基础。其次，明确微课主题。针对性强是微课最为显著的优势，教师要紧扣小学体育教学

中的重点、难点来制作微课。最后，丰富微课类型。微课包含多种类型，如讲解类微课、演示类微课、探究类微课等，不同类型的微课有着不同的教学价值。教师要从小学体育翻转课堂的教学任务与目标出发，丰富微课类型，更好地发挥微课在学生体育学习中的作用。

案例一：乒乓球

乒乓球运动在我国有着非常广泛的群众基础，是一项深受大众喜爱的体育运动项目，被誉为我国的"国球"。目前我国的乒乓球运动在国际乒坛中一直处于遥遥领先的地位。教师一方面要重视讲解类微课的开发，向学生讲解乒乓球运动的历史以及我国在乒乓球运动中取得的骄人成绩，激发学生的爱国情怀，发挥好体育教学的人文教育作用；另一方面要重视演示类微课的开发，向学生呈现乒乓球运动的技战术，提高学生的运动能力。

2. 利用网络平台布置学习任务

自主学习是翻转课堂的第一步，而微课则是学生自主学习的重要资源。在教育信息化不断发展的今天，网络平台已经成为教师教学的重要载体。因此，教师可利用网络平台来布置学习任务，将契合学生认知心理的微课上传到网络平台上，要求学生利用课外时间观看，强化学生的学习主体性。

案例二：篮球胸前传接球

篮球是小学体育的重要项目，包含大量的技术，除了运球、投篮等基本技术外，还有一些复杂性较高的技术，最为典型的便是胸前传接球。胸前传接球教学包括徒手模仿传接球以及行进间传接球两种类型。其中，行进间传接球的难度更大，需要学生在练习中同时达到多种要求，如跑步中的步法要求、传接球动作的连贯性要求等。教师可以借助微课来辅助学生学习。微课能够通过计算机和数字技术，将真实的篮球运动情境与数字化场景模型结合起来，并以信息技术为依托，通过数字视频呈现出来，具有很强的直观性，有助于学生准确地把握胸前传接球练习的要素、流程、注意事项。不仅如此，微课还能够让学生在视觉、听觉上获得多方面的感受，在激发学生兴趣、引发学生思考方面发挥着重要的作用。

3. 结合自学效果开展课堂教学

课堂教学是翻转课堂的重要组成部分，与传统的课堂教学不同，翻转课堂的课堂教学以学生的自学效果为依据，具有更强的针对性。教师在教学前要借助各种方式，检查学生的自学效果，分析学生自学中存在的问题，并给予必要的纠正和指导，从而实现课内、课外协同发力的目标。

案例三："8"字跳长绳

长绳是学校体育的传统项目，具有开展条件简单、开展形式灵活等优势。长绳的跳法多种多样，其中，"8"字跳长绳是最为常见的形式。"8"字跳长绳过程中由两名学生摇绳，其余学生按"8"字形连续跳。"8"字跳长绳兼具趣味性、技巧性、竞技性，在学生的体育学习中发挥着重要的作用。摇绳是"8"字跳长绳的第一步，对"8"字跳长绳的开展效果有重要的影响。不少学生在自学中未能掌握摇绳技巧，降低了学习效果。对此，教师可采取以下两点措施：第一，引导学生正确持绳。负责摇绳的学生需要从虎口开始绕绳，一直向手指根部方向绕，并且两名学生绕的圈数要一样多。这种持绳方式简便易掌握，且较为牢固，不易出现绳子滑落的现象。第二，引导学生把握摇绳高度。绳圈的高度通常控制在1.75米左右，当然，摇绳的高度并不固定，要契合学生的实际身高，如低年级小学生可以适度降低摇绳高度。

三、结语

微课与翻转课堂虽然属于不同的范畴，但二者均以信息技术为依托，均在强化学生的体育学习效果，培养学生的体育习惯中发挥着重要的作用。因此，要深刻把握微课与翻转课堂的联系，一方面，以微课作为打造翻转课堂的重要资源；另一方面，以翻转课堂强化微课的教学价值，从而有效提升学生的体育学习效果。

微课提升体育教学实效

——以蹲踞式起跑教学为例

张　坤

新一轮体育课程改革的实施让体育教学充满了无限生机。新理念、新思想、新方法融入体育课堂教学，有助于充分调动学生的学习积极性，培养学生独立的人格意识、健康心理、创造才能，使学生体验体育运动的乐趣，主动参与体育活动。随着多种类型的教育教学技术在现代教学中的广泛应用，现代教育资源逐渐向共享、开放的趋势发展。近年来，微课教学资源在教学效果、教学活动、评论反馈等环节中充分发挥了作用，受到广大教师的认可。引入微课解决在公共体育课程中出现的问题，引导学生全面掌握体育竞技的技巧和方法，可以提高学生学习体育的热情，促进学生全面健康稳定发展。现以蹲踞式起跑教学为例展开说明。

一、提出问题，引发思考

在认知学习阶段，教师针对技术动作提出问题，引发学生思考，激发学生兴趣，这样有利于学生逐渐理解动作概念，引导学生将理论认知付诸实践。在该微课中，教师提出问题"蹲踞式起跑分为哪几个阶段呢？"来引导学生思考。学生观看完整的动作示范，可以多看几次，也可以反复看慢动作，从而在脑海里初步形成完整的动作印象。

二、分解技术，强调重点

设计目的：对于小学生来说，学习过程多处于感性认知阶段，而对于一项较为复杂的技术学习，教师需要将其分解成各个技术环节，并明确指出学习的重点和难点。而微课教学恰到好处地将复杂的技术简易化，从而让体育学习更轻松，使学生也能在积极参与中深切地感受到"快乐体育"的魅力。

微课片段一：教师先不讲解蹲踞式起跑的技术动作，而是反复呈现三幅图（图4-5、图4-6、图4-7），教师适时指出这三幅图中人物的动作就是蹲踞式起跑技术动作的三个阶段，也是三个状态。教师再次提出问题：这三张图中人物的动作有什么特点？身体状态有什么变化？教师请学生先从图中人物身体姿势的变化入手进行思考，分别点拨每张图中人物身体姿势和技术动作的特点，强调本课学习的重点是第二张图所示内容——预备姿势重心前移；难点是第三张图所示内容——后蹬有力，前抬积极。这样一来，学生便能轻松进入接下来的练习。

图4-5 各就位　　　　　图4-6 预备　　　　　图4-7 跑

三、合作互助，突破难点

设计目的：微课教学的优势在于不再过度强调教师的主导行为，而是突出学生独立思考、合作学习、相互指导的过程，教师要起到引领学生学习和适时点拨的作用。

微课片段二：教师为充分调动学生学习的积极性，在微课中设计出各种简单易行的组合练习方法，组织学生分小组模仿练习，练习的过程由学生自由发挥和掌控。学生根据小组学习中遇到的技术难题，可以寻求教师的帮助，也可以反复观看练习视频和图片。练习中发挥体育骨干掌握技术动作快的优势，让学生自由结对，鼓励学生之间的交流，以优带弱，合作互助，共同进步。另外，注重教师与学生的互动，以探讨的形式来点评练习的质量和效果，从而使学生学会学习。这些教学过程实际是教师帮助学生通过感性认识到理性认识的转化，实现技能内化的过程。

四、自主学习，学会判断

要体现学生的主体地位，在体育教学中就要注重培养学生自主学习的能力。在体育教学中，通过在练习过程中的分析问题、判断技术动作以及练习方法的合理性来对练习活动进行探讨。学生在教师的指导下，依靠自觉的控制和校正，反复有效练习完整技术，就能逐渐形成正确的蹲踞式起跑技术的动作定型。

微课片段三：在练习过程中，教师请学生完成两道练习题，展示两张图片和两段学生练习的视频，请学生自主分析技术动作，学会判断两种技术动作的对与错。根据学生的反馈，确定图4-8中人物做预备姿势身体姿势较低，重心没有前移，而图4-9的技术动作较为合理，重心前移充分，前脚掌用力蹬地。

图4-8　预备姿势　　　　　　　　图4-9　预备姿势

五、激发情感，愉悦身心

设计目的：作为一个完整的教学活动过程，微课所包含的教学资源非常丰富，而且内容层次感强，学生是被吸引着进行技能学习的，整个学习过程简短而有趣。

微课片段四：在学习的后阶段，教师选播短跑名将起跑的慢动作视频。优美的动作结合激情的音乐，激发学生的学习热情和情感，让学生感受到微课学习是视觉享受、愉悦身心的，这样的环节设置对学生掌握蹲踞式起跑技术有很大帮助。

六、反思

微课教学以视频为主，对教学的辅助效果显而易见。微课容量虽"微"，但质量必"精"。微课内容可以是教师本人拿手之作，也可以是互联网中其他优质资源，微课内容应精准地作用于学生，体现其高附加值。微课应始终针对学生的问题而进行有效整合筛选，着力解决技术问题、教学认知误区，凸显教学重难点，以最大限度地解决教学问题。在教学时，教师还应兼顾课程理论教学，对于难以讲透、理解和记忆的运动规则，应以文字、图片、小动画的形式呈现，从而帮助学生掌握。微课在发挥学生学习自主性优势的同时，还须考虑学生自学实效的差异，以免使学生产生微课随时可学而懈怠的情况。现场教学应及时跟进，才能使微课和现场教学相得益彰。总之，在蹲踞式起跑的技术性动作教学中，微课只有制作精当且使用得当，才能成为教师教好、学生学好的有益助手。

浅谈微课在体育教学中的应用案例

王 成

一、传统体育教学的劣势

传统体育教学，无论是室内课还是室外，虽然都注重学生的练习，但是由于受到空间的限制，教师的语言和肢体示范方面的信息传递效率比较低，可能造成学生对重难点技术掌握和理解不到位。

二、微课在体育教学中的优势

在体育教学中加入微课，会让体育课更加丰富多彩，可以有效突破体育教学中理论学习和技巧性动作学习的困难和瓶颈。

1. 微课学习具有灵活性

微课能让学生知道体育知识的学习对于体育锻炼的重要性，让学生在微课学习过程中提高运动兴趣，发现自身潜力。微课学习的灵活性主要体现在对技巧性的动作的学习上，学生可以通过反复观看视频以进行自主练习，增强协调能力。同时，不同身体素质的学生可以根据自身实际选择适合自己的微课进行学习，或者根据自己掌握的情况对同一微课进行多次学习。体育微课是一种灵活的体育教学模式。比如，微课不一定要教师自己制作，教师可以利用网络中的优秀资源，如文本、课件、视频等作为微课的内容。学生理论知识的自学也不一定就在家中，课前课后也都可以学习，这就有利于学生利用一切空闲时间开展学习。

2. 利用微课查缺补漏

微课的教学特点主要是精练分析，对于学生容易形成误区的技术动作进行分解讲解，达到使学生正确认识并熟练掌握相应技术动作的效果。学生经常会有这样的体验：体育课程中某个技能或者活动是自己比较喜欢的，但因为种种原因课堂上没有完全学会，教师又不能单独讲授，造成某个知识点的缺失或遗漏。教师借助微课让学生在课前根据自身实际提前学习，或者让学生在课后根据自己掌握情况适时巩固，可以填补部分学生遗漏的知识点。

3. 打破原有的课堂模式

小学生活泼好动，上课时不能长时间集中注意力，不喜欢一成不变的教学和固定的、单调的学习模式。微课的形式多样而且生动有趣，能有效地对课堂模式进行优化，通过不同的微课视频牢牢抓住学生的注意力，变学生"要我学"为"我要学"，提高学生学习体育知识和技能的主动性，营造良好、积极的课堂氛围。

4. 保持学生的学习兴趣

以往的体育理论课堂教学往往是教师讲、学生听，教师还没讲上几句学生就坐不住了，就想到室外去。运用微课进行理论教学，用多媒体为学生展现一个与众不同的体育课堂，给学生一种耳目一新的体验，学生的兴趣会瞬间提升，有助于长久保持学生的体育学习兴趣。

三、微课在体育教学中的应用

想要微课在小学体育教学中取得实效，教师要多方面、全方位思考微课与体育课程内容的联系，找到恰当的切入点，在小学体育教学中科学运用微课。一般而言，教师都鼓励学生自主学习体育理论知识，利用面对面的机会掌握技术性的动作或者是重难点理论知识。

1. 课前利用微课帮助学生预习

在素质教育全面推进的今天，体育教育教学担负着促进学生身心健康发展的重任。体育教学的关键是将教学内容进行分解，利用微课对重难点内容进行展示，如跨越式跳高、蹲踞式跳远等，让学生反复观看要领，使学生加深印象，熟练掌握动作。例如，对健美操动作的分步讲解和训练及对篮球这项体育活动所传达出的运动精神的学习，从中拓展一些对体育理论知识的学习。尤其是室外体育课，更要注重教学内容的分解，需要反复示范和讲解。教师通过制作微课让学生通过在线学习先一步预习动作内容，有利于促进学生自主学习能力的提高和运动兴趣的培养。

2. 课中利用微课明确动作要领

在教学过程中，教师可以利用微课的直观性把学习的主动权交给学生，学生通过观看画面优美、动作技术规范、文字说明简练、解说生动的视频，以极高的兴趣去学习体育技术动作，从而掌握规范的技术动作。传统的体育教学，教师在做示范的时候，有的学生可能会因为站立位置的关系看不清教师的示范，或者因为学生人数比较多，教师无法留意到学生"溜号"，致使部分学生对技术动作的掌握不够准确。微课形式可以很好地解决以上问题，在大屏幕上给学生播放视频，让学生仔细观察并记忆，这时教师可以环顾所有学生，监督学生观看。如果哪名学生还存在疑问，可以再次播放视频，让学生进一步观察技术要领；如果有部分学生在训练过程中存在技术错误，可以让学生再仔细观察错误部分的视频，从而找到错误的原因并及时掌握正确要领，有效避免教师的反复示范讲解。在利用微课进行体育教学的过程中，教师还可以根据需要慢速播放，特别是对于比较复杂的动作，慢速播放更利于学生消化理解，省时省力，很好地缓解教师忙不过来的状况，又能兼顾到学生的状态，极大地提高课堂教学效率。

3. 在课后运用微课加深巩固

在教学中，教师示范教学重难点，然后制作成微课，在微课中详细且有针对性地对动作技术进行讲解与分析，制作成分解动作示范，然后根据学生掌握的不同程度分段发给学生，哪里有问题就发给学生哪一段，让学生在课下巩固练习，这样便于学生尽快掌握正确的动作，也为学生巩固动作提供示范，加深学生对整个动作的认识，从而使学生更好地掌握技术要领。总之，微课作为未来教育应用实践中的重要创新，在突破传统课程教学模式上更加注重教学针对性和实效性，并从满足学生个性化学习需要的角度来查漏补缺、巩固学生的学习效果。尤其是在体育教学中，结合学生实际，在体育活动中增强学生的积极性，引导学生从微课中更快、更好地掌握复杂的运动技巧，从而为终身体育习惯的养成奠定基础。

总之，微课是教育教学中的一大创新，它不但突破了传统的教学方式，改善了原有的师生关系，优化了陈旧的知识体系，而且更具新颖性和实效性，满足了学生个体的课堂学习需求，让学生可以查缺补漏，有选择性、有重点地学习。

小学二年级体育微课案例

王 成

本次应用微课教学的课程内容为立定跳远。教师的教学环节如下。

教室内。

师：各位同学大家好，我们本次课程的主要内容为立定跳远。下面先请同学们看一段立定跳远的规范动作视频。（教师播放微课）

师：请同学们说一下立定跳远有哪些动作要领。（生回答）

师：同学们观察得很仔细，下面我们去操场上试一试吧！

操场上。

师：下面我给各位同学详细分解一下立定跳远的动作。立定跳远动作主要为四步。第一步预摆：自然站立，双脚与肩同宽，脚跟自然提起，重心略微靠前，上肢向前上方摆起。第二步起跳：身体重心降低，双臂向后用力摆动。第三步伸展：双腿发力，力量由大腿传递至前脚掌，用力蹬地，同时双臂快速向前上方摆动，全身充分伸展，并向前上方腾空跳起。第四步落地：腾空动作完成后，迅速进入落地动作，同时快速收腹，双腿并拢并抬起，膝盖靠近胸前，向前伸展小腿，双臂向后用力摆动，落地后大小腿快速折叠进行落地缓冲。以上就是立定跳远的四个动作要领。要注意起跳前一伸二曲降重心，还要注意身体与上肢的协调用力。

师：下面由我再次示范立定跳远的标准动作。（教师示范1~2次）下面

由两位同学来演示立定跳远。（生演示）

师：立定跳远大家掌握得很好，那么下面由我来将各位同学在立定跳远中出现的错误动作以及解决办法做一个介绍。

（1）立定跳远落地后，双手向后支撑，影响成绩或成绩无效。

原因：落地后重心靠后。解决办法：落地后身体向前或者向两侧触地。

（2）立定跳远出现二次起跳或二次踏跳，影响成绩。

原因：心里紧张造成动作变形或对起跳动作不清楚。解决办法：放松心情，放松身体，一次完成起跳动作。

（3）立定跳远起跳时上肢摆动不充分，影响成绩。

原因：对立定跳远动作掌握较差。解决办法：课下多练习，熟练掌握动作以及上下肢的协调配合。

师：今天的立定跳远课就讲到这里，对动作掌握好的同学我们要向他学习；对动作掌握较差的同学，我们应该去鼓励他、支持他。相信各位同学通过在课下空闲时间的努力都可以完美地完成立定跳远的练习。好，各位同学，今天的课就讲到这里。